Cornelia Matthias
Florian Peters-Messer
Ran an die guten Vorsätze
Von der erfolgreichen Jagd auf den inneren
Schweinehund

AF203070

Copyright: © 2020 Cornelia Matthias, Florian Peters-Messer,
Umschlag & Satz: sabine abels | e-book-erstellung.de
Illustrationen und Coverbild: Lukas Wossagk

Verlag und Druck:
tredition GmbH
Halenreie 40-44
22359 Hamburg

ISBN 978-3-347-06274-0 (Paperback)
ISBN 978-3-347-06275-7 (Hardcover)
ISBN 978-3-347-06276-4 (e-Book)

Bibliografische Information der Deutschen Nationalbibliothek:
Die Deutsche Nationalbibliothek verzeichnet diese Publika-
tion in der Deutschen Nationalbibliografie; detaillierte bibliografische Daten sind im Internet über http://dnb.d-nb.de
abrufbar.

Die Autoren

Cornelia Matthias arbeitet in freier Praxis als Psychotherapeutin in München.
2009 und 2010 erschienen unter ihrer Mitarbeit zwei Ratgeber.

Florian Peters-Messer lebt als Unternehmer im Rheinland und Berlin. Er ist Kunstsammler, Kurator und arbeitet als freier Autor.

Der Illustrator Lukas Wossagk studiert derzeit Kommunikationsdesign an der FH München.
Seit 2012 ist er als freischaffender Illustrator, unter anderem für den C.H. Beck Verlag und Jugendprojekte der Stadt München, tätig.

Inhaltsverzeichnis

Vorwort

Was ist eigentlich los mit mir? Warum ist aus meinen guten Vorsätzen wieder einmal nichts geworden? Warum klappt es einfach nicht, das zu tun, was ich mir so ernsthaft vorgenommen habe? Diese Fragen sind ein Dauerbrenner, und es ist für die Betroffenen auch kein Trost, dass es der Mehrheit der Menschen nicht besser ergeht. Immer wieder erleben wir in unserem näheren oder weiteren Umfeld, dass klug gedacht, aber unklug gehandelt wird. Egal, ob es sich um private oder gesellschaftliche Vorhaben handelt. Da stimmt doch etwas nicht!

Zahlreiche Wissenschaftler beschäftigen sich schon seit Jahren mit dieser Problematik – leider ohne durchschlagenden Erfolg –, ganz zu schweigen von dem Sammelsurium an Ratgeberliteratur, die ihre Tipps und Tricks reichlich verbreitet.

So gesehen befinden wir uns mit diesem Buch in der langen Reihe derer, die sich dieses Themas annehmen. Trotzdem meinen wir, dieser Menge an Publikationen noch eins „draufsetzen" zu können, denn wir haben einen Ansatz gewählt, der unserer Kenntnis nach bis jetzt einem breiteren Publikum zu wenig bekannt ist. Unser Fokus richtet sich auf die Hirnforschung, die in den letzten Jahrzehnten Erkenntnisse hervorgebracht hat, die die oben gestellten Fragen sehr gut beantworten können. Also kein Grund, die Flinte ins Korn zu werfen!

Die am häufigsten vertretenen Positionen sind gut gemeinte Ratschläge und Programme, die von uns mehr rationales Handeln fordern. Richtig! Doch unserer Meinung nach müssen diese fehlschlagen, wenn nicht klar wird, worin genau der Unterschied zwischen Rationalität und Emotion liegt und welche Rolle diese bei unserer Entscheidungsfindung spielen, also in welchem Kräfteverhältnis Verstand und Gefühl zueinander stehen.

Aus diesem Grund haben wir uns vorgenommen, auf hoffentlich humorvolle und verständliche Art und Weise, ihr Zusammenspiel zu erklären. Wir möchten Ihnen helfen, zukünftig siegreich Ihre Vorhaben umsetzen zu können. Daher haben wir den „Gehirnfüßler", den Sie auf dem Cover dieses Buches kennengelernt haben, erfunden. Er ist Sinnbild für das Gehirn. Wir haben ihm Beine gegeben, damit er erfolgreich den Mythos des inneren Schweinehundes verjagen kann.

Unser Rezept ist, psychologisch gesprochen, die Stärkung Ihres ICHs durch die Aktivierung der Selbstregulierungskräfte in verschiedenen

Facetten. Wir haben uns dabei eng an die Forschungsergebnisse der Neurowissenschaften gehalten. Doch damit die Vorgänge für Sie klarer werden, haben wir eine stark vereinfachte Darstellung der dafür notwendigen Vorgänge in unserem „Wunderorgan", dem Gehirn, gewählt. Wir haben uns auf das Wesentliche konzentriert, ohne dass dadurch, unserer Meinung nach, der Wahrheitsgehalt auf der Strecke geblieben wäre.

So, genug der Vorrede. Jetzt wünschen wir Ihnen ein erkenntnisreiches, unterhaltsames Lesevergnügen. Wir würden uns freuen, wenn Sie dabei das eine oder andere hilfreiche Werkzeug entdecken, um so in Zukunft Ihre guten Vorsätze verwirklichen zu können.

Auf der Suche nach dem inneren Schweinehund

Würde dieses populäre Tier nicht schon seit langer Zeit durch unser Leben geistern, müsste man es glatt erfinden. Denn neben bösen Geistern und anderen Unholden, von denen es in der Menschheitsgeschichte viele gegeben hat, erfüllt es wichtige Aufgaben.

Zum einem übernimmt der innere Schweinehund die Rolle des Schuldigen, was praktisch sein kann. Zum anderen ist er der Feind, den es zu bekämpfen gilt, um so zumindest eine Erklärung dafür zu haben, warum unsere Pläne oder guten Vorsätze so unglaublich schwer zu verwirklichen sind. „Er ist einfach zu stark, ich bin zu schwach. Mist!"

Also was tun? Für alle, die nach Hilfe suchen, hier die gute Nachricht: Es gibt ihn gar nicht!

Denn wir haben uns für Sie auf die Suche gemacht und konnten ihm auf die Schliche kommen. Wo? Im Reich der Mythen. Für alle, die jetzt seine Nichtexistenz betrauern, da sie ja nun niemanden mehr haben, dem sie die Schuld am eigenen Scheitern in vielerlei Hinsicht geben können, haben wir ebenfalls eine gute Nachricht: Sie brauchen ihn nicht! Denn auch das Lösen von Schuldfragen würden wir gerne auf den Haufen der menschlichen Missverständnisse werfen. Warum? Weil die Suche nach dem Schuldigen, wenn überhaupt, im Rahmen des Strafrechts zu einer Lösung führt. Im zwischenmenschlichen Bereich jedoch, wo jedermann eine Geschichte hat, die mit der seiner Vorfahren verbunden ist, funktioniert die Sache nicht. Wir würden zwangsläufig bei Adam und Eva enden, die, wie uns berichtet wird, mit ganz anderen Schuldfragen zu kämpfen hatten.

Aber wenn Sie sich nun fragen, ob es denn gar keine Störfaktoren gibt, die unsere Fähigkeit zur Selbstregulation so schwierig machen, dann möchten wir Ihnen im Folgenden einige Mechanismen aufzeigen, die man durchaus als „Störenfriede" bezeichnen könnte.

Der innere Schweinehund

Im Grunde ist er Schweinehund ein ganz armer Kerl, bezeichnet er doch ursprünglich nichts anderes als einen Hund, der bei der Jagd auf Wildschweine gehetzt wurde – sein Name: der Sauhund. Er tat, wofür er ausgebildet wurde, und war so gesehen ein Freund und Helfer der Jäger. Dass er im 19. Jahrhundert in der Studentenschaft und beim Militär zum „Sündenbock" für verweigerte soldatische Tugenden wurde, entbehrt daher jeder Logik und tut ihm unrecht. Noch heute ist er das Sinnbild für Willensschwäche, mangelnde Selbstdisziplin und ganz allgemein für ein Handeln gegen besseres Wissen. Er muss noch immer für den Makel herhalten, seiner Lust nachzugehen, anstatt die Unlust zu überwinden. Erstaunlicherweise gibt es dieses Fabelwesen wohl nur in der deutschen Sprache.

Träume sind Schäume!

Kennen Sie diesen alten Spruch? Wenn ja, dann vergessen Sie ihn bitte schleunigst, denn er gehört zu der oben beschriebenen Kategorie der menschlichen Missverständnisse und ist daher nicht nur falsch, sondern kann durchaus gefährlich sein. Er hat schon so manchem Kind oder Jugendlichen den Mut und die Freude am Pläneschmieden verdorben. Das ist nicht nur gemein, sondern hat durchaus auch negative langfristige Auswirkungen auf unsere erwachsene Psyche.

Sollte sich beim Lesen des Titels unseres Buches der Gedanke breitgemacht haben: „Mit so einem Buch kann ich leider gar nichts anfangen, denn ich weiß beim besten Willen nicht, was ich will", dann könnten Sie Opfer dieses Spruches geworden sein, denn er besagt, dass wir auf dem sprichwörtlichen „Boden der Realität" bleiben sollen. Heißt: Es wäre besser, unserer Fantasie, unseren Wünschen oder Sehnsüchten gleich einen Riegel vorzuschieben, um die berühmten „kleineren Brötchen zu backen" oder um „nicht zu hoch hinaus zu wollen". Diese Sprüche verhindern es, etwas zu begehren, machen Angst und lassen unsere Energie schrumpfen. Wir werden noch darüber berichten, wie deprimierend es sein kann, ihnen zu folgen. Unsere Meinung ist: Tagträume sind Futter für unsere Kreativität. Deshalb träumen Sie so lange, bis Sie wissen, was Sie wollen, selbst wenn Ihnen so manches Vorhaben als zu ehrgeizig erscheinen mag, denn es könnte sein, dass Sie mehr zustande bringen als gedacht. Wie schön wäre es, Ihnen bei der Verwirklichung Ihrer Pläne zu helfen. Bleiben Sie dran.

Erfolgreiche Träumer ihrer Zeit

Genies mit Geistesblitzen gab es schon immer. Sie erträumten Dinge, die es noch nicht gab. Ob es sich um Leonardo da Vincis Flugmaschinen oder Gutenbergs Buchdruck handelt, erst die kühnen Träume von Tüftlern und Denkern haben unsere Welt verändert. Beispielhaft dafür ist Steve Jobs, wohl eine der schillerndsten Persönlichkeiten der Neuzeit.

Jeder kennt das Bild von Jobs Garage, in der er mit zwei weiteren Erfindern den ersten Apple-Computer entwickelte. Mit dem angebissenen Apfel als Markenzeichen, das Jobs als damals strenger Frutarier erfand, begann der Siegeszug des Heimcomputers, später des Macintosh, der Computermaus, des Smartphones, des Tabletcomputers und vieler weiterer technologischer Entwicklungen. Genial – ein Träumer und Visionär, der das Gesicht unserer Welt verändert hat.

Wer hat das Kommando?

Wir leben in einer Zeit extremer Reizüberflutung, der wir uns nur mit großer Anstrengung entziehen können. Neben der globalen Nachrichtenflut sind es die sozialen Medien und die allzeit präsenten Werbebotschaften, die Spuren in unserer Psyche hinterlassen. Leider ist uns dies nur sehr selten bewusst. Machen wir uns nichts vor, wir alle sind beeinflussbar durch das, was auf uns niederprasselt, und wenn wir nicht aufpassen, sind es diese starken Außenreize, die uns schlimmstenfalls das Heft des Handelns aus der Hand nehmen. Sie geben vor, was wir uns wünschen sollen, wie wir sein sollen, womit wir uns umgeben sollen und wie ein erfolgreiches, glückliches Leben auszusehen hat. Daher stellt sich in diesem Zusammenhang die Frage: Wer „reguliert" denn hier wen?

Nehmen wir als Beispiel den weitverbreiteten Trend der „Selbstoptimierung". Er verlangt von seinen Anhängern eiserne Disziplin, da wird gemessen und gewogen, trainiert und operiert, gepostet und gebloggt. Nichts soll dem Zufall oder gar einer Laune der Natur überlassen werden, denn das Ziel ist hochgesteckt. Jugendliche Frische, Dynamik, makellose Körper und ein erfolgreiches Berufsleben versprechen ein glückliches Leben. Die Anerkennung durch zahlreiche

Likes ist dann die Bestätigung, auf dem richtigen Weg zu sein.

Ist so ein fremdgesteuertes Leben wünschenswert, selbst wenn es durchgehalten wird? Wir meinen nein, denn erstens wechseln die Moden, Idealbilder von heute können schon bald die von gestern sein. Zweitens verkennt jeder autoritäre Trend etwas sehr Wertvolles, nämlich die Vielfalt und Farbigkeit von Individualität. Wen was wie glücklicher und zufriedener macht, ist von Mensch zu Mensch so verschieden, dass es sich in keinen Trend, in keine Schablone pressen lässt.

Wem das bewusst ist, der wird weniger versucht sein, sich den Vorgaben von Modemachern, Trendsettern oder Influencern (zu gut Deutsch: Beeinflussern!) zu beugen. Sollten Sie diesbezüglich noch Unterstützung benötigen, dann lesen Sie bitte weiter, um den Weg der Selbstbestimmtheit im Gegensatz zur Fremdsteuerung mutiger gehen zu können.

Pleiten, Pech und Pannen

Missgeschicke sind fester Bestandteil von Komödien. Wenn wir jemanden beobachten, der sich trotz großer Anstrengungen in den Widrigkeiten des Lebens verstrickt, dann müssen wir lachen. Von Loriot bis Mr. Bean haben uns Sketche und Filme dieser Komiker amüsiert. Wie schön wäre es, wenn wir es schaffen könnten, mit einem Schuss Humor auch den eigenen Pannen im Alltag zu begegnen. Leider fehlt diese Fähigkeit insbesondere jenen Menschen, die der Meinung sind, ununterbrochen Pech zu haben – es klebe ihnen wie Kaugummi unter den Schuhsohlen. Wie schrecklich, wenn sich ein solches Selbstbild erst einmal verfestigt hat, denn dadurch wird die Wahrscheinlichkeit, sich gar nichts mehr zuzutrauen, stetig größer. Ein anderer Ausdruck dafür ist die sich selbst erfüllende Prophezeiung.

Schwierig ist es auch für diejenigen, die einen echten Rückschlag im beruflichen oder privaten Umfeld erlebt haben. Woher bekommen sie die Unterstützung, sich davon zu erholen, sich aufzurappeln, um zuversichtlich wieder neu zu starten. Da sieht es in Deutschland nicht gut aus. Andere Länder dagegen können das Scheitern auch positiv bewerten. In ihnen überwiegt die Meinung, dass negative Erfahrungen zum Leben dazugehören und unbekannte Potenziale hervorbringen können.

Dieser Meinung möchten wir uns anschließen und plädieren für eine positive Kultur des Scheiterns. Das Streben nach perfekten, reibungslos verlaufenden Lösungswegen ist zwar verständlich – klar macht es einfach mehr Spaß, wenn alles glattläuft –, aber wie realistisch ist es, dies als den Normalfall anzunehmen? Wenn wir uns in unserem Freundes- und Bekanntenkreis umsehen, dann verlaufen die meisten Vorhaben nicht unbedingt stromlinienförmig und Unvorhergesehenes macht den besten Plänen oft einen Strich durch die Rechnung. Frust, Ärger und Wut sind die Folge. Wohl dem, der dann nicht verzweifelt und die Sache ganz bleiben lässt, sondern sich überlegt, wie er aus der Nummer doch noch heil rauskommen könnte, z. B. durch eine Veränderung seiner Strategie oder der Verringerung des Zeitdrucks. Wer unter diesen Umständen zuversichtlich bleibt, wird erleben, dass die besten Ideen häufig dann entstehen, wenn es stressig geworden ist. Sollten Sie noch nicht zu diesen „Pannenkünstlern" gehören, gibt es eine gute Möglichkeit, das zu lernen.

Lernen ist ein gutes Stichwort, denn wir alle haben einen fantastischen, starken Partner an unserer Seite, wenn es darum geht, neue Verhaltensweisen zu erlernen. Diesen möchten wir Ihnen im nachfolgenden Kapitel vorstellen.

Die Kultur des Scheiterns

Wie schon gesagt tun wir uns in Deutschland mit dem Scheitern schwer, sehen wir darin doch eher einen Misserfolg, der einer unüberlegten Planung, unsachgemäßer Durchführung oder unrealistischen Zielen geschuldet ist. Insbesondere im angloamerikanischen Kulturkreis sieht dies aber ganz anders aus. Dort gilt „trial and error" – Versuch und Irrtum, also der immer wieder neue Versuch, etwas auszuprobieren, sich vom „Scheitern" nicht beirren zu lassen. Stattdessen es als festen Bestandteil für Innovation und Experimentierfreude anzunehmen. Gerade in der Industrie des Silicon Valley oder bei jungen Startups weiß man, dass dieses Ausprobieren von vielleicht sogar ausgesprochen abwegigen Ideen der Humus für Neues ist.

Erfreulicherweise tut sich aber auch bei uns etwas. Seit einigen Jahren gibt es nun auch die „Fuckup Nights" in Deutschland. Sie entstanden 2014 in Wien und wurden innerhalb kürzester Zeit Teil zu einer internationalen Bewegung. Ihre Vision ist, das Scheitern politisch, gesellschaftlich und persönlich von seinem negativen Image zu befreien. Zu diesem Zweck treffen sich junge Unternehmer/innen, um sich darüber auszutauschen, welche „guten" und „schlechten" Fehler zum Misserfolg ihrer Projekte geführt haben, um voneinander zu lernen. So führt diese kreative Fehleranalyse zu einem umfangreichen Lernprozess, der allen Beteiligten hilft, für die Zukunft besser aufgestellt zu sein. Es zeigt sich also, es geht auch anders.

Unser Gehirn,
der unbekannte Freund
und Helfer

Was glauben Sie, wem Sie es zu verdanken haben, dass Sie sich verlieben, Musik genießen, eine Fremdsprache lernen oder vor Gefahren davon laufen können? Die Antwort heißt: Ihrem Gehirn. Nicht der Bauch und auch nicht das Herz sind Ursache all unserer Empfindungen, Handlungen, Begabungen und Fähigkeiten, sondern das faszinierende, ca. drei Pfund schwere Organ in unserem Kopf.

Es arbeitet unablässig, um uns am Leben zu erhalten und ist stets bemüht, alle notwendigen Aktivitäten zu unternehmen, damit der Laden läuft. Apropos Arbeit, Eckart von Hirschhausen stellte in einem seiner wissenschaftlichen Comedy-Programme die Frage: „Sollten wir unser Gehirn schonen, damit es länger hält?". Diese humoristische Frage war natürlich nicht ernst gemeint, sie spiegelt dennoch recht gut unseren Umgang mit ihm wider. Nicht nur, dass sich die meisten Menschen gar nicht darüber bewusst sind, überhaupt eines zu besitzen, um es etwas überspitzt auszudrücken. Es ist ihnen völlig unklar, wozu das Gehirn genau da ist oder welches Potential es hat, und sind daher oft der Meinung, ab einem gewissen Alter ausreichend viel gelernt zu haben, um sich dann dem gedanklichen Müßiggang hinzugeben. Frei nach dem Motto: Lernen war gestern. Diese Position wollte Eckart von Hirschhausen aufs Korn nehmen.

Jetzt können wir natürlich nur hoffen, dass Sie, liebe/r Leser/in, anderer Meinung sind und sich dem „Gehirnjogging" hingeben möchten, um einige neue Dinge über das Gehirn im Allgemeinen zu lernen. Das wäre der erste Schritt, um sich dann im nächsten die Werkzeuge anzueignen, die Ihnen nützlich erscheinen, eine Verhaltensänderung in Richtung mehr Selbstregulierung zu erlernen, denn ohne ein gewisses Verständnis über die Vorgänge innerhalb dieses großartigen Organs geht es nicht.

Das Gehirn und seine Hauptakteure

In unseren Texten werden wir einige Areale des Gehirns ansprechen – Sie werden immer wieder vom präfrontalen Cortex, (PFC), dem limbischen System (LS), dem Nucleus accumbens und der Amygdala lesen. Damit Sie diese Akteure vorab schon einmal kennenlernen, hier kurz und knapp deren Unterschiede und Arbeitsweisen. Der PFC, auch Stirnhirn genannt, befindet sich, wie der Name schon sagt, hinter der Stirn. Er ist Bestandteil der Großhirnrinde und im Wesentlichen für unsere Vernunft, den Verstand und unser soziales Verhalten zuständig. Er bewertet die Dinge nach hauptsächlich logischen und moralischen Kriterien wie richtig oder falsch, indem er sprachlich präzise argumentiert. Sein Arbeitstempo ist eher langsam, er benötigt Zeit zum Denken und Abwägen.
Der Nucleus accumbens und die Amygdala (Mandelkern) befinden sich im limbischen System (LS), wel-

ches seinen Platz, vereinfacht gesagt, tief verankert im „Mittelhirn" hat. Es entwickelt sich bereits vorgeburtlich und ist, ebenfalls vereinfacht ausgedrückt, Sitz unserer Gefühle. Uns beschäftigen vorwiegend zwei wichtige Akteure des LS, wenn es um Selbstregulation geht. Zum einen das Belohnungssystem (der Nucleus accumbens) und zum anderen das System, das hautsächlich für Angst und Furcht zuständig ist, die Amygdala. Beide Areale arbeiten im Gegensatz zum PFC sehr schnell, sind spontan und bewerten die Dinge um uns herum kindlich. Ihre Kriterien sind: mag ich oder mag ich nicht, das ist gefährlich oder da habe ich Angst. Ihre Aktivitäten spüren wir zunächst körperlich wie Kribbeln im Bauch, Herzklopfen, mulmige Gefühle, freudige Erregung oder Lust.

Dadurch entsteht folgender Ablauf: Ereignet sich etwas in unserem Umfeld, so spüren wir dies zunächst körperlich, es kommt ein Gefühl hoch und erst dann hat der PFC die Möglichkeit, es zu bewerten. Ist das Gefühl zu heftig, dann wird der PFC in seiner Bewertung stark behindert oder gar außer Gefecht gesetzt.

Funktioniert das Gehirn wie ein Computer?

S eit jeher haben Gelehrte nicht nur den Körper, sondern auch das Gehirn des Menschen mit Maschinen verglichen. Im 21. Jahrhundert sind es nun Computer, die als Vergleich herhalten müssen. So komplex moderne Technik auch sein mag, der Vergleich ist dennoch falsch. Allein der Gedanke, dass unsere Rechner von menschlichen Gehirnen erdacht und immer weiterentwickelt wurden und werden, könnte einen diesbezüglich stutzig machen.

Folgen wir dem Gedanken der Evolution, so ist das Gehirn nicht „erdacht" worden, sondern es hat sich über Jahrmillionen entwickelt, bis es vor ca. 120.000 Jahren seine heutige Gestalt ausbildete. Evolutionäres Entwickeln bedeutet, dass im Gegensatz zu herkömmlichen industriellen Herstellungsprozessen nichts nagelneu erfunden wird, sondern das Neue auf dem Alten aufbaut. Auf diese Weise entstehen Schichten von „Systemen" oder „Arealen" wie bei einer Torte, nur dass sich die jeweiligen Schichtungen zum Teil über Jahrtausende hinweg entwickelt haben. Das bedeutet logischerweise, dass alte Hirnareale immer noch mitreden, wenn es um bestimmte Entscheidungen geht. Dieser Punkt wird uns später erneut beschäftigen.

Es gäbe noch eine Vielzahl „technischer" Vergleiche, die alle zugunsten des Gehirns ausfallen würden, inklusive der begrenzten Lebensdauer von Computern. Denn bei unserem Wunderorgan ist es umgekehrt, je mehr neue Aufgaben wir ihm, ganz bewusst, immer wieder stellen, es harte Nüsse knacken lassen, desto besser funktioniert es. Vorausgesetzt, wir bleiben von Krankheiten oder Unfällen verschont, gibt es auch kein Verfallsdatum. Langzeitstudien haben gezeigt, dass alte Menschen dieselben Aufgaben lösen können wie junge, nur langsamer, aber dafür weniger oberflächlich. Also füttern Sie Ihr Gehirn mit allem, was Sie wissen oder erlernen möchten, es ist stets mit „Freude" zu Diensten, bis an Ihr Lebensende. Man darf nämlich nicht vergessen: Das Gehirn kann nur das leisten, was es gelernt hat, und nicht das, was wir uns wünschen, was es leisten sollte.

Als letztes Beispiel gegen den Maschinenvergleich dient seine Fähigkeit, sich ständig verändern zu können. Äußere Einflüsse gestalten die Netzwerke innerhalb der einzelnen Systeme ständig um. Das bedeutet z. B., dass Ihr Gehirn nach einem intensiven Erlebnis anders aussieht als vorher. Neue Erkenntnisse, interessante Gespräche, überraschende Vorkommnisse oder zufällige Begegnungen werden von ihm registriert und abgespeichert und verändern seine Konfiguration ständig – von uns unbemerkt. Für diesen Vorgang gibt es den Fachausdruck Neuroplastizität. Es ist eine der großartigsten Entwicklungen der Natur, denn sie gibt jedem von uns die Möglichkeit, sich immer wieder auf neue Situationen einstellen zu können, immer wieder etwas dazuzulernen und in Bezug auf unsere Kompetenzen zu wachsen. Wie wir uns diese Eigenschaft zunutze machen können, werden Sie noch erfahren.

Übrigens arbeitet die aktuelle KI-Forschung mit Nachdruck an sogenannten selbstlernenden Systemen, die zum Teil jetzt schon bei autonom fahrenden Transportmitteln und anderer Robotik eingesetzt werden. So kann man die oben genannte Frage umkehren in: Funktionieren unsere Computer bald wie unser Gehirn?

Vielleicht wird es eines fernen Tages so sein. Bis dahin ist es aber doch sehr beruhigend, wenn wir uns auf eine, im Idealfall, möglichst stabile, von Umwelteinflüssen weitgehend unbeeinflusste Software verlassen können. Einmal programmiert und installiert sollte sie laufen, ohne sich immer wieder etwas Neues einfallen zu lassen.

Die Nonnenstudie

Was Neuroplastizität bewirken kann, zeigt unter anderem die „Nonnenstudie", die der Forscher David A. Snowdon ab Mitte der 80er Jahre in den USA durchführte.

Im Rahmen dieser Studie untersuchte er eine Gruppe von Ordensschwestern in fortgeschrittenem Alter bis hin zu ihrem Tod. Sein Interesse richtete sich auf die Entwicklung der Alzheimererkrankung, bei der Eiweißablagerungen im Gehirn zu massiven Störungen der Denkfähigkeit, des Erinnerungsvermögens und der Orientierung führen können.

Das Ergebnis dieser Studie brachte erstaunliche Ergebnisse zutage. Nicht alle von Alzheimer betroffenen Schwestern zeigten Symptome dieser Krankheit, obwohl ihre Gehirne bei Untersuchungen nach dem Tod massive Schädigungen aufwiesen. Schwester Bernadette zum Beispiel hatte massive Schädigungen, ging aber bis zu ihrem Tod im Alter von 85 Jahren ihrer Tätigkeit als Lehrerin an einem College nach, ohne irgendwelche Anzeichen von Demenz aufzuweisen. Das Ergebnis der Studie legt nahe, dass geregelte Arbeitsabläufe, ein behutsamer Lebensstil, der als sinnvoll bzw. erfüllend empfunden wird, aber vor allem lebenslanges Lernen Neuroplastizität fördern und Defizite im Gehirn ausgleichen können.

Wer ist hier eigentlich der Boss?

Diese Frage stellen sich nicht nur Eltern von Kleinkindern, denen es immer wieder gelingt, ihre Wünsche durch energisches Verhalten gegen ihre Mütter und Väter durchzusetzen. Ähnliches geschieht uns, wenn wir uns z. B. mit guten Vorsätzen gerüstet und viel Elan ins neue Jahr stürzen und erleben, dass wir wohl offensichtlich nichts zu sagen haben, da schon nach kurzer Zeit die gefassten Pläne als gescheitert im Papierkorb unserer Lebensgeschichte landeten. Das sind dann die Momente, in denen der oben bereits erwähnte „innere Schweinehund" hervorgezaubert wird, aber das hatten wir ja bereits besprochen.

Also wenn es ihn nicht gibt, wer bestimmt dann? Warum gelingt es mir oft nicht, das zu machen, was ich mir so fest vorgenommen habe? Wer macht mir immer wieder einen Strich durch die Rechnung?

So, jetzt wird es spannend, denn nun ist der Moment gekommen, die geheimnisvolle Ursache unserer Misserfolge zu lüften. Allerdings müssen wir dazu weiter ausholen, denn so einfach ist es nicht, den lästigen Saboteur Ihrer Vorhaben, den man so gerne verjagen oder heftig bekämpfen möchte, aus dem Hut zu zaubern. Deshalb etwas Geduld, wir gelangen Schritt für Schritt zur Lösung.

Wie Sie sich vielleicht schon gedacht haben, kommt in diesem Zusammenhang unser Gehirn ins Spiel. Wir werden es uns genauer ansehen, um seine Funktionsweise besser verstehen zu können. Keine Angst, das ist keineswegs langweilig oder kompliziert. Versprochen!

Sie haben ja schon erfahren, dass unser Gehirn aus unterschiedlichen „Schichten" besteht, die in unterschiedlichen Zeitaltern entstanden sind. Ähnlich, nur wesentlich schneller ist es bei der Gehirnentwicklung eines jeden von uns: Sie verläuft in einzelnen Phasen. Gut nachvollziehbar ist dies, wenn man Kleinkinder beim Heranwachsen beobachtet. Der Zuwachs an Fertigkeiten erfolgt schrittweise aufeinander aufbauend.

Erst Krabbeln, dann Laufen, danach Sprechen. Noch nie hat man ein Baby beobachtet, das erst sprechen konnte, um später das Krabbeln zu erlernen. Es gibt also eine sich immer wiederholende Abfolge bis zum Erwachsenenalter. Diese unterschiedlichen Reifungsprozesse der einzelnen Fähigkeiten sind interessant, denn die beiden Gehirnareale, die uns für unser Thema interessieren, haben ebenfalls eine zeitversetzte Entwicklungsgeschichte, und das ist Teil des Problems.

Die Regionen, um die es sich handelt, sind das limbische System und der präfrontale Cortex. Beide betrachten wir nur sehr grob, aber das reicht in unserem Fall vollkommen aus. Das LS entsteht und agiert schon im Mutterleib, während der PFC erst Jahre nach der Geburt zu seiner vollen Blüte gelangt. Was passiert in diesen Netzwerken, und wozu sind sie da?

Vereinfacht gesagt ist das LS der Sitz unserer Gefühle, der aufgrund seiner frühkindlichen Entstehungsgeschichte kindlich ist und bleibt. Das ist unter anderem ein Grund dafür, warum sich Menschen auch noch im hohen Alter wild verlieben können, als wären sie 16-jährige Teenager. Anders sieht es beim PFC aus, der im Wesentlichen für die Vernunft, das planerische Denken und unser soziales Verhalten zuständig ist. Er ist durchaus in der Lage, die Dinge „kühl" und sachlich, rational, also erwachsen zu betrachten. Beide Gehirnareale, also PFC und LS, benötigen wir, um unsere Pläne zu verwirklichen. Nur leider, leider arbeiten sie nicht immer miteinander, sondern sehr häufig gegeneinander. Würden wir ihnen eine Stimme geben – und das werden wir im Verlauf dieses Buches noch öfter tun –, könnten wir einem Streit zwischen ihnen zuhören, der Auseinandersetzung zwischen Gefühl und Verstand.

Nehmen wir ein einfaches Beispiel: Sie möchten mehr Sport treiben – die meisten von uns kennen ein solches Vorhaben. Nicht nur sehen Sie dem geplanten Badeurlaub beim Betrachten der überflüssigen, unschönen Ringe um den Bauch mit gemischten Gefühlen entgegen, sondern Sie möchten vernünftigerweise etwas für Ihre Gesundheit tun. Guter Plan, vom PFC ausgedacht und beschlossen. Da regt sich das LS, denn Sport ist nicht nur anstrengend, sondern gefährdet die gemütlichen Stunden zu Hause auf dem Sofa, für die dann weniger Zeit zur Verfügung stünde. Also Einspruch, ein klares Nein!

Jetzt geht der Streit los, die Argumente für und wider gehen hin und her. Selbst wenn sich der PFC für eine gewisse Zeit durchsetzt und dem LS hart entgegenschleudert, dass er hier ja wohl der Boss ist und jetzt nicht weiter diskutiert wird, sondern einfach gemacht, was er sagt, ist das noch nicht das Ende der Geschichte.

Warum? Weil das LS stärker ist! Es ist stärker, weil es älter und kräftiger ist als der PFC, der zwar die besseren Argumente hat, aber eben weniger Kraft bzw. Durchsetzungsvermögen. Das Ergebnis ist bekannt, nach wenigen Tagen oder Wochen liegen Sie wieder auf dem Sofa, das LS grinst zufrieden vor sich hin und Sie, Sie haben ein schlechtes Gewissen, fühlen sich als Versager. Der PFC versucht vielleicht noch etwas hilflos, die Sache zurechtzubiegen – etwa: „Schließlich ist ja noch Zeit bis zum Urlaub und zu viel Sport ist auch nicht gesund, wie man hört." –, damit er nicht ganz so blöd dasteht. Aber so richtig funktioniert das nicht, wie wir wissen.

Mit diesem Beispiel ist die Frage nach dem „Bestimmer" unseres Lebens beantwortet. Es sind unsere Gefühle und nicht der Verstand. Das kann man bedauern, aber ändern kann man daran nichts. Die Erde ist ja auch keine Scheibe.

Wenn Sie sich jetzt fragen, ob wir statt des inneren Schweinehundes, unserem Gefühlssystem wehrlos ausgeliefert sind, was ja im Ergebnis keinen Unterschied machen würde, dann haben wir hier eine weitere gute Nachricht: Nein. Wir verraten Ihnen auf den nächsten Seiten, warum nicht.

Die Erfolgsagenda – Management für ein starkes ICH

Jede wichtige Unternehmung benötigt einen Fahrplan. Sie kennen das von Tagungen und Konferenzen, man folgt einer Agenda. So möchten wir jetzt auch vorgehen, wenn es darum geht, die widerstreitenden Areale in unserem Kopf in den Griff zu bekommen. Die Aufgabe ist, zunächst als „Schlichter" wieder für Frieden zu sorgen, um sich dann als Führungskraft zu etablieren. Businessmäßig ausgedrückt heißt das, zu lernen, sich selbst zu managen.

In der Psychologie nennt man das Selbstregulation. Diese besagt, dass es möglich und nötig ist, unser Verhalten so zu regulieren, dass wir unsere Gefühle, Impulse und Wünsche mit den von uns selbst gesteckten Zielen in Einklang bringen. Neurologisch ausgedrückt bedeutet das, dass wir unseren PFC in die Lage versetzen, sich gegen das gefühlige LS besser durchzusetzen. Weniger abstrakt formuliert: Es bedarf eines starken ICHs, das um die Zusammenhänge weiß und die Aufgabe übernimmt, als „Aufsichtsratsvorsitzender", um in der Sprache der Manager zu bleiben, die Zügel in der Hand zu halten. Dazu sollten wir erst einmal klären, wer oder was ein ICH eigentlich ist.

Auf der Suche nach dem ICH

Es gibt die schöne Geschichte von Erik Kandel, der sein Studienfach zweimal wechselte, weil er das ICH im Menschen finden wollte. Schließlich wurde er Neurobiologe und hoffte, es beim Sezieren menschlicher Gehirne endlich finden zu können. Aber die Enttäuschung war groß, die Suche verlief ergebnislos.

Diese oder ähnliche Geschichten gibt es auch von anderen Neurowissenschaftlern. Angeregt wurden sie unter anderem durch Sigmund Freud, der zu Beginn des 20. Jahrhunderts seine Theorie über das Drei-Instanzen-Modell veröffentlichte. Durch ihn kamen nicht nur das ICH, sondern auch das Es und das Über-Ich in die Welt. Nachdem es sehr viel später die technischen Möglichkeiten gab, die Freud noch nicht zur Verfügung standen, begaben sich die jungen Wissenschaftler auf den Weg, das ICH im Gehirn zu lokalisieren. Vergebens, sie fanden keinen „mächtigen Steuermann", der dort einen klar definierten Platz hat.

Aber sie entdeckten etwas zunächst Unerwartetes, nämlich, dass das ICH keine einheitliche Instanz ist, sondern ein dynamisches „Bündel" von Ich-Zuständen. Man könnte auch sagen, von Einheiten oder Modulen. Dieses „ICH-Bündel" wird im Wesentlichen vom autobiografischen Gedächtnis erzeugt, das heißt, von unserer Lebensgeschichte. Es besteht aus körperlichen, emotionalen und denkerischen Anteilen, einer großartigen Menge verschiedener Erlebniswelten. Dass wir ICH sind und uns vom DU unterscheiden, wird uns zudem von Beginn unseres Lebens an durch unsere Bezugspersonen vermittelt – eine Person, die mit anderen ICHs kommuniziert.

Was heißt in diesem Zusammenhang dynamisch? Nun, jeder kennt das Auf und Ab ganz unterschiedlicher ICH-Zustände, je nachdem, wie wir uns fühlen. Wenn wir z. B. krank sind, ist das ICH ganz und gar körperlich. Haben wir Angst, fühlt es sich völlig anders an, als wenn wir eine schwierige Aufgabe zu lösen haben oder wenn wir verliebt sind. Wir wechseln von Stimmung zu Stimmung, ohne dass wir jemals das Gefühl haben, nicht ICH zu sein.

Dieses ICH-Gefühl bildet den Kern unserer Persönlichkeit, die aus Charaktermerkmalen besteht, die sowohl genetisch entstehen, als auch von Bezugspersonen und Umwelteinflüssen geprägt werden. Je nachdem, unter welchen Umständen ein Kind zur Welt kommt, wie sein genetisches Programm ausgefallen ist, ob Rücksicht auf seine Bedürfnisse jedweder Art genommen wird oder nicht, entsteht ein starkes oder eher schwaches ICH. Je schwächer es ist, umso stärker ist es beeinflussbar, desto weniger ist es in der Lage, eigene Bedürfnisse vor sich und anderen durchzusetzen. In diesem Fall ist es besonders notwendig, das ICH im Nachhinein zu stärken. Wodurch? Durch Erfolgserlebnisse, damit es von sich sagen kann: „Das habe ich erreicht, es ist mir gelungen. Ich bin echt okay und weiß, was ich will." Dies wiederum nennt man dann Selbstwirksamkeit, also das Bewusstsein, dass das eigene Tun auch Wirkung zeigt.

Von Lust und Frust

Würde man den Wunsch der Menschen in Bezug auf ihr Leben in einem Satz zusammenfassen, dann hieße er: Unlust minimieren und Lust maximieren. Das ist nur zu verständlich. Daher beinhalten alle Träume von paradiesischen Zuständen Spaß und Freude ohne Ende – ein Schlaraffenland. Wir können uns wahrscheinlich einigen, dass ein Leben ohne Schmerz, Verluste und Frust eine tiefe Sehnsucht von uns allen ist.

Doch bedauernswerterweise sieht die Realität anders aus, denn die Medaille hat zwei Seiten. Zum einen müssen wir lernen, mit den negativen Aspekten unserer Realität umzugehen. Zum anderen hat dies im individuellen sowie im allgemeinen Rahmen auch seine Vorteile. Welche, werden wir Ihnen aufzeigen.

Schauen wir uns deshalb noch einmal die Kinder an. Alles, was sie lernen, ist mit einer Menge Frust verbunden. Aber sie geben nicht auf, auch wenn ihre Fehlversuche mit kleinen bis größeren Wutausbrüchen verbunden sind. Diese kosten Kraft, nicht nur bei den kleinen Eroberern ihrer Welt. Auch bei den Eltern zerren die verschiedenen Lernphasen gehörig an den Nerven. Wie schön, wenn dann ein Kind nach einem harten Arbeitstag sanft einschlummert und Ruhe einkehrt. Herrlich!

Aber das, was die Kleinen in diesen immer wiederkehrenden Intervallen von Versuch und Irrtum durchleben, hat Sinn. Er liegt natürlich nicht darin, die Kinder zu ärgern oder die Eltern zu nerven, sondern er ist Bestandteil unsers Lebensprogramms. Die Wissenschaft ist sich einig: Der große Lehrmeister des Lebens ist der Stress – das ist die zweite Seite der Medaille. Gäbe es nicht immer wieder Herausforderungen, ob selbst gesteckt oder durch die Umwelt gestellt, die wir nur mit größter Anstrengung, also unter Stress, bewältigen können, gäbe es nicht das Gefühl des Stolzes. Wir würden uns niemals unserer Kraft, Intelligenz oder Raffinesse so klar bewusst werden wie nach der Bewältigung einer Stresssituation – mit oder ohne die Hilfe von anderen. Dann können wir sagen: „YES!! SUPER!!", reißen vielleicht die Arme hoch oder umarmen unseren Mitstreiter, hüpfen vor Freude, fühlen uns einfach nur GROSSARTIG!! – und das im wahrsten Sinne des Wortes, denn wir sind innerpsychisch tatsächlich ein Stück „größer" geworden, haben an Zutrauen in unsere eigenen Fähigkeiten gewonnen, sind mutiger und selbstsicherer geworden. Das ist der Sinn, der hinter dem Stress steht, nur er lässt uns siegen und wachsen. Wenn wir in das Gesicht eines Kleinkindes schauen, das die ersten Schritte allein bewältigt hat, strahlt es über das ganze Gesicht, und dieses kindliche Strahlen bleibt uns ein Leben lang erhalten.

Leider gibt es aber auch die andere Seite. Nicht jeder Mensch ist so veranlagt, dass er Niederlagen leicht wegsteckt. Eine Stresssituation, die zu heftig ist, kann über unsere Kräfte gehen, besonders dann, wenn niemand greifbar ist, der hilft, oder weil man nicht in der Lage ist, sich Unterstützung zu suchen. Dann besteht die Gefahr eines Zusammenbruchs. Eine solche komplette Niederlage ist schrecklich schmerzhaft und kann zu einem unüberwindbaren Erlebnis führen. Sollte dies der Fall sein, benötigen wir dringend Hilfe von außen, damit wir uns wieder erholen und aufrappeln können.

Glücklicherweise erleben die meisten Menschen weniger extrem ausfallende Hochs und Tiefs. Unser Alltag ist eher von kleineren, ärgerlichen oder nervigen Ereignissen geprägt. Doch was unsere kleinen Siege anbelangt, so werden diese oftmals übergangen, da wir sie als „normal" betrachten und ihnen keine größere Bedeutung schenken. Dadurch wächst leider die zu starke Gewichtung unserer Misserfolge und Pannen. Das kann zweierlei zur Folge haben: Erstens glauben wir dann, dass es das Leben überwiegend „schlecht" mit uns meint oder dass zweitens wir unfähig sind, die „normalsten" Dinge der Welt auf die Reihe zu kriegen. Eine solche Sichtweise wirkt sich negativ auf unser Befinden aus. Sie nimmt uns den Schwung, um mit Zuversicht in den Tag zu starten, schwächt unser Selbstwertgefühl und gibt unangenehmen Ereignissen einen zu hohen Stellenwert.

Ja, das Leben ist anstrengend, ja, es passieren Dinge, die unsere Pläne durchkreuzen, ja, so mancher Mitbürger ist unerträglich und ja, manchmal könnte man aus der Haut fahren. Stimmt alles. Doch wir sollten nicht verallgemeinern, denn bei genauerem Hinsehen halten sich Gelingen und Nichtgelingen die Waage. Meistens jedenfalls.

Die Fähigkeit, mit frustrierenden Situationen gelassener umzugehen, will erlernt sein, und zwar von Kindesbeinen an. Das ist leichter gesagt als getan. Die schon beschriebenen Wutanfälle der Kinder, besonders in der Trotzphase, zeigen einen Zustand der menschlichen Psyche, der mit einer sehr, sehr geringen Gelassenheit, man könnte auch sagen Toleranz, gegenüber Situationen, die nicht klappen, zu tun hat. Das Geschrei ist groß, wenn die Kleinen nicht das bekommen, was sie haben wollen oder tun möchten. Sie kennen das. Im Kleinkindalter ist dies normal, und es ist die Aufgabe der Eltern, ihnen konsequent zu helfen, den Frust über die gesetzten Grenzen auszuhalten. Eine Herkulesaufgabe, bei der die Nerven der Erwachsenen arg strapaziert werden. Doch es lohnt sich, dranzubleiben, denn die Fähigkeit, frustrierende Erlebnisse hinzunehmen, wird, wenn auch langsam, wachsen, von Monat zu Monat, von Jahr zu Jahr.

Je intensiver ein Heranwachsender dies zusammen mit seinen Eltern geübt hat, umso leichter fällt es ihm im Erwachsenenleben, die alltäglichen Widrigkeiten hinzunehmen, ohne seine Umgebung mit seiner schlechten Laune zu tyrannisieren. Er ist leistungsbereiter und kann Misserfolge besser „wegstecken".

Sollte diese Fähigkeit in der Kindheit nicht erlernt worden sein, passiert logischerweise das Gegenteil. Wir haben es dann mit einem Menschen zu tun, der bei der geringsten Gelegenheit in die Luft geht, extrem ungeduldig ist, Fehler sowie Misserfolge schwer erträgt und sich und seiner Umwelt mit seinen unrealistisch hohen Ansprüchen keine Freude bereitet.

Für dieses Lernprogramm gibt es einen Fachausdruck, und der heißt: Frustrationstoleranz. Entwicklungsbedingt kommt ein Baby mit einer Frustrationstoleranz von 0 % auf die Welt – das ist für sein Überleben notwendig –, nach der Pubertät aber sollten wir die 100 % erreicht haben. Natürlich spricht hier die Theorie, denn uns ist niemand bekannt, der diese Marke erreicht hätte, die Autoren eingeschlossen. Aber so um die 80 % könnte man schon schaffen, und das Schöne daran ist, wer das Bedürfnis hat, seine Frustrationswerte zu erhöhen, kann dies auch noch im fortgeschrittenen Alter tun. Wenn dem nicht so wäre, dann bräuchte man dieses Buch nicht. Also sollte Ihr Vorhaben sein, sich nicht mehr so heftig über jede Kleinigkeit aufzuregen, dann sollten Sie unbedingt weiterlesen. Ihnen kann geholfen werden.

Alles auf einmal – am besten sofort!

Sollte es einmal passieren, dass ein Außerirdischer von oben auf unsere Zivilisation blickt, was für einen Eindruck würde er wohl von unserer Gesellschaft haben? Neben all der Geschäftigkeit bei Tag und bei Nacht könnte er als prägende Triebkraft unserer Spezies die

Angst vor dem Verhungern oder Verdursten identifizieren. Denn unzählige „Versorgungsstellen" prägen unser Straßenbild. Er könnte Menschen beobachten, die, während sie von A nach B hetzen, essen oder trinken, ausgerüstet mit Flaschen, Bechern oder Lebensmittelrationen. Ebenso würde ihn erstaunen, dass wir ein sehr kommunikatives Völkchen sind, denn über unsere kleinen Geräte, die wir ständig mit uns führen, stehen wir permanent in Verbindung mit unseren Mitmenschen.

Welche Schlüsse können aus einer solchen Beobachtung gezogen werden? Was macht es mit uns, wenn so gut wie nie Ruhe einkehrt, weder für unsere Sinnesorgane noch für unsere Verdauung? Welche Folgen hat diese Zufuhr? Immerwährender Input, to go, in real time, Bilder und Nachrichtenströme, Snacks und Fast Food. Alles auf einmal, sofort verfügbar zu jeder Zeit. Die Auswirkungen dieser Lebensgewohnheiten sind bekannt, sie führen zu den allseits beklagten Zivilisationskrankheiten.

Damit wir uns nicht missverstehen: das wird jetzt an dieser Stelle keine Moralpredigt, sondern dient lediglich dazu, Sie zu fragen, ob Sie sich damit wohlfühlen, so Sie sich in diesen Bildern wiedererkennen. Denn die Entscheidung für eine Veränderung beginnt mit dem Wissen über die Verhaltensweisen, die man ablegen möchte.

Anders ausgedrückt: Es wäre hilfreich, Klarheit zu schaffen. Neurowissenschaftler behaupten, dass ca. 80 % dessen, was wir tun, unbewusst geschieht. Wir müssen uns jetzt nicht auf eine Zahl festlegen, denn es spielt keine Rolle, ob es 60, 70 oder 80 % sind, sicher ist nur, es ist der überwiegende Anteil unserer Handlungen. Diese hohe Zahl ist nicht ausschließlich negativ zu bewerten, sind wir doch froh darüber, dass uns unser Gehirn durch Routinen eine Menge von Handlungsabläufen abnimmt; wir müssen nicht über sie nachdenken, sie laufen automatisch ab und das ist auch gut so.

Doch es gibt Gewohnheiten, von denen es sich lohnt, sie aus dem Nichtbewussten, einem so gut wie automatischen Ablauf, ins Bewusstsein zu holen, um sie auf ihre Brauchbarkeit hin zu überprüfen. Es ähnelt dem Ausmisten unseres Kellers oder Kleiderschrankes, wir stellen uns die Frage: Kann das weg oder soll es bleiben? Und wenn ja, warum? Wie wäre es, wenn Sie einen gedanklichen Clip über sich drehen würden? Die Story: „Ein ganz normaler Tag in meinem Leben". Verfolgen Sie sich vom Aufstehen bis zum Schlafengehen. Was sehen Sie? Hektik, Stress, ständig online, privat und beruflich, Aufgaben, die nie ganz erledigt werden können? Keine Zeit für regelmäßige Mahlzeiten, schon gar nicht selbst gekocht? Erschöpfte Abende vor dem Bildschirm, wenig Schlaf? Hoffentlich ist es nicht so, nur ein bisschen so oder so ähnlich, aber Sie fühlen sich trotzdem unwohl, weil Sie sich den Alltag anders wünschen würden, irgendwie freundlicher, gemütlicher oder mit mehr Zeit für Freunde und Spaß. Prima, dann sind Sie auf der richtigen Spur, Sie haben offensichtlich schon eine Vorstellung von dem, was Sie sich wünschen. Der nächste Schritt wäre dann die Umsetzung, nicht ganz einfach, aber machbar – lesen Sie weiter.

Der Marshmallow-Test

Zu großer Bekanntheit gelangte der Persönlichkeitspsychologe Walter Mischel mit seiner Studie namens Marshmallow-Test.

Worum ging es bei diesem Test? Akademisch ausgedrückt, um Belohnungsaufschub. Mischel wollte herausfinden, inwieweit Kinder im Alter von ca. 4–5 Jahren die Fähigkeit zur Selbstbeherrschung besitzen und welche langfristigen Folgen dies für ihr späteres Leben haben würde.

Ab 1968 testete er ca. 700 Kinder in einer Vorschule in Stanford, USA. Die Versuchsanordnung verlief wie folgt: Jedes Kind wurde in einen Raum gebracht, der außer dem Stuhl, auf den es sich setzen sollte, und einem Tisch keinerlei Ablenkung bot. Auf dem Tisch stand ein Teller mit einem Marshmallow. Jetzt teilte er den Kindern mit, dass er kurz den Raum verlassen müsse, und bat sie, die Süßigkeit so lange nicht zu essen, bis er wieder zurück-

käme. Als Belohnung würden sie dann eine zweite erhalten. Jetzt waren die Kleinen mit der Süßigkeit allein
und kämpften. Wer sehen möchte, welche Strategien sie
sich ausgedacht haben, um die ca. fünf- bis zehnminü-
tige Wartezeit (je nach Alter) zu überstehen, ohne der
Verführung zu erliegen, hat auf YouTube die Möglichkeit,
da jeder Versuch mit versteckter Kamera gefilmt wurde.
Es lohnt sich!

Zunächst war das Ergebnis der Originalstudie nicht weiter erstaunlich, einige Kinder konnten warten, andere
nicht. Das Verblüffende zeigte sich erst zehn Jahre später, als Mischel die Kinder, die inzwischen zu Jugendlichen herangewachsen waren, und deren Eltern be-
suchte. Kurz zusammengefasst stellte sich heraus, dass
es denjenigen, die damals warten konnten, jetzt wesentlich besser ging als denen, die es nicht geschafft hatten.
Sie hatten den besseren Schulabschluss, waren sozial
kompetenter, konnten sich besser konzentrieren, gut mit
Stress umgehen und hatten ein stabileres Selbstwertgefühl. Bei den Ungeduldigen sah es nicht so gut aus,
sie hatten schlechtere Noten trotz gleicher Intelligenz,
waren ungeduldig, emotional instabiler, galten als stur,
litten häufiger unter Übergewicht und waren anfälliger
für Suchtverhalten.

In den letzten Jahren wurde das Experiment in unterschiedlichen Abwandlungen mehrfach wiederholt, da
seine Aussagekraft in Bezug auf eine zukünftige Entwicklung der heranwachsenden Jugendlichen stark ange-
zweifelt wurde. In der Tat waren die Ergebnisse anderer
Psychologen nie so eindeutig wie die von Mischel. Daher ist dieser Test, wie er selbst einräumte, nicht dazu geeignet, die Zukunft eines Menschen nur anhand dessen
vorherzusagen, ob er sich als Kind eine Belohnung ver-

sagen konnte oder nicht. Das wäre zu simpel. Dennoch fielen die Langzeitergebnisse bei allen Wiederholungen für die Geduldigen positiver als für die Ungeduldigen aus, wenn auch oft nur geringfügig. Unserer Meinung nach kann es deshalb nur von Vorteil sein, frühzeitig mit Übungen zur Selbstregulation bzw. Impulskontrolle zu beginnen. Eltern, die sich die Mühe machen, die Frustrationstoleranz ihrer Kleinen langsam zu steigern, helfen ihnen, in der Zukunft erfolgreicher und zufriedener durchs Leben zu gehen.

Man müsste, sollte, könnte ...

Der Konjunktiv – herrlich, lieben Sie ihn auch so? Er ist die grammatikalische Form unserer Sprache, die uns planen und träumen lässt. Man müsste mal die Garage aufräumen oder man könnte mal mehr Sport machen. Man sollte einfach mal in Ruhe ein Buch lesen, alle fünfe grade sein lassen oder – oder – oder. Die Liste ließe sich beliebig fortführen.

Nicht ohne Grund nennt man ihn auch Möglichkeitsform, er lässt alle Möglichkeiten, die in unserem Leben theoretisch machbar wären, vor unserem geistigen Auge auftauchen. Benutzen wir dann noch das wunderbare Wörtchen MAN, dann sind wir komplett im Unverbindlichen. Denn wer ist MAN? Sind Sie es, ist es die Menschheit, Ihre Geschlechtsgenossen? Man weiß es nicht. Und das ist das Schöne daran, alle und niemand sind angesprochen, und daher bleiben diese Sätze auch im Bereich der Möglichkeiten stecken, ohne dass eine reale Person zu konkreten Aktivitäten aufgefordert wäre.

Deshalb unser Tipp, wenn Sie sich etwas vornehmen wollen, dann raus aus dem Konjunktiv und rein in eine klare Formulierung, in der Sie tatsächlich SICH ansprechen. „ICH möchte/will dieses oder jenes." Das funktioniert besser. Wer einmal ausprobiert, beide Sätze nacheinander laut auszusprechen, wird merken, das fühlt sich völlig anders an als: „MAN sollte mal dieses oder jenes ..." Spüren Sie den Unterschied? Mehr Wumms, oder? Gut so, denn wer etwas verändern will, der benötigt diese Kraft.

Aber Man-Sätze haben noch eine andere Seite. Sie erinnern sich an das Drei-Instanzen-Modell von Siegmund Freud? Wir sprachen darüber. Es lohnt sich, dieses Modell genauer anzusehen, denn er erklärte damit, dass das ICH von unbewussten Kräften unserer Psyche beeinflusst wird, dem Über-Ich und dem Es. Unter dem Über-Ich verstand er soziale Normen, Werte wie Gehorsam und Moral und nannte es auch die Gebots- und Verbotsinstanz. Dem Es sprach er unsere „Triebe" zu, als da wären der Nahrungs- und Sexualtrieb, dann unsere Bedürfnisse wie der Geltungsdrang und der Wunsch, angenommen zu werden, sowie Affekte wie Liebe, Vertrauen, Hass und Neid. Die Liste ist im Original noch umfangreicher, aber konzentrieren wir uns auf die genannten Punkte, denn sie werden im weiteren Verlauf des Buches noch wichtig werden. Interessant ist, dass Freud diese Theorie vor mehr als 100 Jahren formuliert hat und erstaunlicherweise im Großen und Ganzen aus heutiger neurologischer Sicht auf zwei Ebenen richtiglag. Einerseits wächst der Mensch erst dann zu einer sozial verträglichen Person heran, wenn er in der Lage ist, seine „Triebregungen" zu kontrollieren, und andererseits wird unser Handeln vom Un- bzw. Nichtbewussten gesteuert. Erinnert Sie das an etwas? Genau im Kapitel „Wer ist eigentlich der Boss?" haben wir das LS als das bestimmende System in unserem Gehirn beschrieben, man könnte es auch das Es nennen, und seinen „Gegenspieler", den PFC, das Über-Ich, dessen Aufgabe es ist, regulierend auf das LS einzuwirken, damit wir in die Lage versetzt werden, als ICH zu agieren. So hat die Idee der Selbstregulierung schon eine längere Geschichte, und sie hat an Wahrheit nichts eingebüßt.

Um auf unsere Man-Sätze zurückzukommen, so können diese nicht nur unverbindlich sein, sondern auch das komplette Gegenteil bewirken, sie nisten sich als Ver- und Gebote in unser Über-Ich ein. Wenn das der Fall ist, kann es ungemütlich für unsere innere Ausgeglichenheit werden. Wir wechseln dann quasi, um bei der Grammatik zu bleiben, vom Konjunktiv zum Imperativ, der Befehlsform. Beispiel: *Das kann man nicht machen! So kann man sich nicht benehmen! Man muss nicht immer widersprechen!* Je nachdem, wie streng unsere Umwelt mit unseren Wünschen umgegangen ist, kann die Liste lang und der Druck auf eine freie Entfaltung der Persönlichkeit groß werden. Das Hinterlistige an solchen Regeln ist, dass sie sich so tief in unserem „Wertekanon" verankern, dass sie uns ein Leben lang gängeln. Wir glauben schließlich auch an deren Wahrheitsgehalt und kommen nicht auf die Idee, sie zu hinterfragen, um herauszufinden, ob sie auch wirklich zu unseren Maßstäben passen. Diese Quälgeister nennt man in der Psychologie Introjekte. Sie verkleiden sich als ICH-Botschaften, als eigene Gedanken. Das sind sie aber nicht, da sie uns in früher Kindheit eingepflanzt wurden, in einer Zeit, in der wir alles für wahr hielten, was uns Eltern und andere Autoritäten gesagt haben. Da glaubten wir ja auch noch an den Weihnachtsmann und den Osterhasen. Man könnte Introjekte also auch als Fake News aus der Vergangenheit bezeichnen. Das Freudsche Modell und die verschiedenen Instanzen des ICHs werden Sie später noch näher kennenlernen.

Das will ich auch!

Ein weiterer Feind unseres Selbstwertgefühls besteht in dem oder den Vergleichen. Vielleicht kennen Sie noch den alten Werbespot einer Bank, wo sich zwei Männer nach längerer Zeit wiedertreffen, um von ihren Erfolgen der letzten Jahre zu berichten. Der eine zückt drei Fotos aus der Brieftasche, knallt sie siegessicher auf den Tisch und sagt: „Mein Haus, mein Auto mein Boot!" Daraufhin grinst der andere, zückt ebenfalls drei Fotos und knallt sie daneben: „Meine Villa, mein Fuhrpark, meine Yacht!" Stille, ein verdutztes Gesicht auf der einen Seite und triumphierendes Lachen auf der anderen.

Leider war dieser Spot keine Satire, im Gegenteil, er wollte anspornen, es den beiden Kontrahenten gleichzutun. Was will er uns sagen? Wir meinen, dass er einem Aufruf gleichkam, der lauten könnte: Schaut her, so sieht ein erfolgreiches Leben aus! Es macht Spaß, seinen Mitmenschen durch die Anhäufung von Statussymbolen zu zeigen, wer und was man ist. Dann bin ich groß und mächtig und der andere klein und mickrig. Unglücklicherweise glauben viele Menschen in unserer Gesellschaft, dass Vergleiche dieser Art ein Ansporn sind und zu einem zufriedenen, vielleicht sogar glücklichen Leben führen. Das glauben wir nicht und sind mit dieser Ansicht nicht allein.

Das, was die Strategen der Werbewirtschaft planen, ist ziemlich scheinheilig, sie sind an der Zufriedenheit der Menschen nicht im Geringsten interessiert. Was sie ausschließlich interessiert, sind Umsatz und Marktanteile. Sie erschaffen immer neue Wünsche, erdenken immer neue Statussymbole, um die Verbraucher zu immer höherem Konsum anzustacheln. Sie zielen dabei auf genau den Teil in unserem Gehirn ab, den Sie ja schon kennengelernt haben, nämlich auf das kindliche LS. Erinnern wir uns an das Bild des Kindes auf einem Jahrmarkt, das alles haben und ausprobieren will. Wir sind in der gleichen Situation, wenn wir glauben, dass all die „glänzenden" Autos, Kleider, Häuser, Markenhandtaschen etc. wichtig sind, um gegenüber den anderen gut dazustehen. Denn wenn wir erst einmal gut dastehen mit all unserem Besitz, dann kann es losgehen mit dem glücklichen Leben. Irrtum!

So, wie das Kind auf dem Jahrmarkt nie genug hat, so haben diese Menschen auch nie genug. Im Gegenteil, sie begeben sich in eine Vergleichsspirale ohne Ende. Denn irgendjemand ist immer wohlhabender als sie und wenn es nur der Nachbar, ist der schon zum dritten Mal in diesem Jahr in den Urlaub fährt, während sie erst zweimal weg waren, oder wenn der Arbeitskollege einen höheren Bonus bekommt als sie, trotz stärksten Einsatzes. Auf diesem Feld geht es immer noch weiter, höher, besser. In Vergleichen wohnt der Frust und der Neid; wir sollten uns nicht vergleichen, weder bei Gütern noch bei Begabungen.

Um Missverständnissen vorzubeugen: Anreize im Sinne von Vorbildern sind ausgesprochen nützlich für die Entwicklung, nicht nur im Kindesalter. Es kann förderlich sein, jemandem in seinem Können oder seiner Einstellung nachfolgen zu wollen, nur sollten wir uns selbst dabei nicht aus den Augen verlieren. Nacheifern im Rahmen unserer Möglichkeiten ja, Kopieren ist aber keine gute Idee. Erstens ist es gar nicht möglich, weil wir in der Regel immer nur die eine Seite eines Menschen kennenlernen, nämlich die, die uns so begeistert. Die vielen anderen Anteile, aus denen sich jeder Mensch zusammensetzt, bleiben im Dunkeln. Deshalb lassen Sie sich inspirieren und fügen Sie Ihren ganz persönlichen Teil hinzu, dann erleben Sie Freude an dem, was Sie erschaffen haben, und Ihr Selbstwertgefühl steigt.

Ja, nein, jein

Der erste Twitter-Philosoph unserer Zeit, Eric Jarosinski, schrieb in seinem Buch *Nein.* Folgendes: „*Es ist nicht schwer, Nein zu sagen. Es ist schwer, es richtig zu sagen. Zur richtigen Zeit.*

*Aus den richtigen Gründen. Noch schwerer, es immer
wieder zu sagen, umso mehr in einer Welt des Ja. Ja, einer
Tyrannei des Ja.*"

Damit spricht er sicherlich eine Schwierigkeit
an, die viele Menschen mit diesem Wort haben.
Sie empfinden das Nein als eine gefährliche Ver-
weigerung. Es könnte ihrem Ansehen schaden,
es könnte einen Konflikt heraufbeschwören,
dem sie sich nicht gewachsen fühlen, und zuletzt
zu einem Ausschluss aus der Clique, dem Kreis
der Kollegen oder der Familie führen.

Wie viel leichter haben es da die Kinder,
besonders in der Trotzphase. Ihr Nein ist ein
Kampf gegen die Autorität der Eltern, das hun-
dertfach wiederholt, in den Boden gestampft
oder geschrien wird. Interessant dabei ist, dass
dieser Kraftausdruck meistens gemeinsam mit
dem Wort ICH in ihre Welt kommt. Zum ersten Mal fühlen sich die Kleinen als eigenständige
Personen mit eigenen Vorstellungen, und da stören die Eltern ganz erheblich. Sie wollen „ihren
Kopf durchsetzen", wie es heißt, und ja, genau
so ist es. Es ist der Beginn eines langen Ablö-
sungsprozesses von den Eltern.

Was bedeutet diese biologische Entwicklung,
die für alle Menschen gleich ist, für unser Thema? Es ist doch verblüffend, dass das Ich und das
Nein in derselben Entwicklungsstufe entstehen.
Gehören sie zusammen, und wenn ja, warum?

Wir denken, die Lösung ist ziemlich einfach. Jedes ICH muss lernen, sich abzugrenzen. Zum einen, um sich vor den Übergriffen des DU schützen zu können, und zum anderen, um eine eigenständige Persönlichkeit zu entwickeln. Wie wir sehen, hat die menschliche Evolution schon sehr früh dafür gesorgt, dass dieser lange Weg bereits im Verlauf der ersten Lebensjahre beginnt. Dann stellt sich natürlich die Frage, warum wir als Erwachsene so oft erhebliche Schwierigkeiten mit dem Gebrauch dieses Wortes haben.

Die Antwort weist auf die traurige Tatsache hin, dass immer noch Reste der sogenannten schwarzen Pädagogik im Erziehungsstil vieler Eltern vorhanden sind, die von der Notwendigkeit ausgegangen ist, den Willen der Kinder zu „brechen", um aus ihnen „anständige" Bürger zu machen. Glücklicherweise gehört so ein unerbittliches Gedankengut weitestgehend der Vergangenheit an.

Doch dass die Nein-Attacken der sich wehrenden Kleinen unglaublich viel Verständnis, Geduld und Kraft seitens der Eltern erfordern, um einen einigermaßen reibungslosen Alltag hinzubekommen, ist geblieben. Diese Zeit und die Nerven fehlen sehr häufig, was zum Teil verständlich ist, da der Stresslevel unseres Alltags schon viel Energie kostet.

Gut illustriert wird diese Situation mit einem Foto, das es sogar in die Tageszeitung geschafft hat. Was war passiert? Eine Mutter wurde von Polizisten gestoppt, da sie im Korb des Fahrrads ihre nackte kleine Tochter sitzen hatte und in großer Eile auf der Straße unterwegs war. Als Begründung ihres Handelns gab die entnervte Mutter an: „Meine Tochter hat sich geweigert, sich von mir für den Kindergarten anziehen zu lassen. Damit müssen sich jetzt die Kindergärtnerinnen herumschlagen, ich muss ins Büro. Und zwar dringend!" Es war die Verzweiflungstat einer Mutter, die aufgegeben hatte, sie konnte den Neins ihrer Tochter nichts mehr entgegensetzen.

Diese Szene ist nur bedingt amüsant. Wir wissen nicht, was zu Hause zwischen den beiden Kontrahentinnen geschehen ist. Vielleicht wollte das Mädchen etwas anziehen, was den Vorstellungen der Mutter widersprach. Nicht das doofe Kleid, sondern seine Lieblingsjeans, auch wenn sie schmutzig war. Vielleicht wollte es auch gar nicht in den Kindergarten, sondern lieber zu Hause weiterspielen. Es prallten jedenfalls zwei Meinungen aufeinander, und in diesem Alter muss das Kind erkennen, dass es machtlos ist. Das ist bitter und erzeugt eine riesige Wut.

Wenn sich dieses Gefühl der Machtlosigkeit wie ein roter Faden durch ein Kinderleben zieht, wenn es so gut wie nie als „Sieger" aus den Zweikämpfen mit Eltern, Verwandten oder Lehrern hervorgeht und seine Proteste gar mit Strafen niedergedrückt werden, dann kann es später für den Erwachsenen ein großes Problem werden, sich seinem Umfeld gegenüber zu widersetzen und Nein zu sagen. Derartige Erfahrungen besetzen das Nein negativ, maximale Anpassung ist das Resultat. Dann kommt es vielleicht noch zu einem zaghaften „Mal sehen", welches nach längerem Nachdenken zu einem „Also gut" wird, aus Angst vor den oben genannten Folgen.

Es ist leichter gesagt als getan, wenn wir der Meinung sind, dass das Neinsagen ein wichtiges Lernziel sein sollte, um sein Leben zufriedener gestalten zu können, um nicht immer wieder von der Umwelt ausgenutzt und/oder benutzt zu werden, und sagen zu können: „Ich mache, was ich für richtig halte, auch wenn es euch nicht passt." Ein Ja scheint einfacher zu sein, aber der Preis ist hoch, wenn wir es gegen unsere Gefühle sagen. Jarosinski hat recht, wir leben in einer Welt, in der das Ja Konjunktur hat, ja zu Konsum und Status, ja, um beruflich weiterzukommen, ja, um keine Konflikte heraufzubeschwören. Lernen wir von den Kindern, sie spüren, dass das Nein zu ihrem ICH gehört, und glücklicherweise können wir unsere Neins wesentlich besser argumentieren als die Kleinen und müssen nicht brüllend mit dem Fuß aufstampfen.

Ach ja, bevor wir es vergessen: In dem Werkzeugkasten, den wir Ihnen im nächsten Kapitel vorstellen, befinden sich auch Hilfsmittel, um aus einem ungeliebten Ja ein Nein werden zu lassen.

Der Werkzeugkasten – Instrumente für einen erfolgreichen Neustart

In den vorherigen drei Kapiteln haben wir die Problemfelder beschrieben, die einem starken ICH entgegenstehen können. Es sind die genannten „Quälgeister", die immer wieder verhindern, ein selbstbestimmteres Leben zu führen. Jetzt sind wir an der Reihe, unser Versprechen einzulösen, um Ihnen Wege aufzuzeigen, sie zu vertreiben.

Leider können wir Ihnen keine schnellen, pfiffigen Sofortlösungen, unter dem Motto „ex und hopp" anbieten. Das mag Sie enttäuschen, denn unsere Lösungsangebote benötigen Ihre Geduld und Mithilfe, damit sie klappen. Wir möchten Zusammenhänge bewusst machen, Erkenntnisse fördern und zum selbstkritischen Denken anregen, damit Sie, liebe/r Leser/in, die Werkzeuge finden, die Ihnen für eine Veränderung der eigenen Verhaltensweisen nützen können. Sollten Sie nach der Lektüre zu der Einsicht gelangen, dass Sie es nie und nimmer allein schaffen werden, all das umzusetzen, was Sie sich vorgenommen haben, dann ist das kein Drama, sondern eine sehr kluge Einsicht. Holen Sie sich Hilfe durch eine/n Therapeuten/in oder einen Coach, um dann mit ihm/ihr gemeinsam das eine oder andere Thema zu bearbeiten – dazu würden wir auf jeden Fall raten. Merkwürdigerweise glauben die meisten Menschen in unserem Land, sie müssten allein mit ihren Problemen oder Fragen fertigwerden.

Politiker oder Firmenchefs würden nie auf eine solche Idee kommen, sie haben alle ihre Berater. Also was sollte falsch daran sein, es auch so zu machen?

Für diejenigen unter Ihnen, die schon stapelweise Ratgeberliteratur gelesen haben, um sie dann dem Altpapier zu überlassen, weil Sie die vereinfachte Darstellung der jeweils benannten Probleme und deren Lösung geärgert hat, könnten die folgenden Seiten eine Bestätigung sein.

Denn eins ist sicher, wir wissen aus eigener Erfahrung und teilen Ihre Ansicht, dass es niemals ein leichter Weg ist, seine Verhaltensweisen zu korrigieren, auch wenn so mancher Autor das Gegenteil behauptet. Alles, was wir tun, um unseren Alltag zu bewältigen, hat eine Geschichte, einen Ursprung, der mit den Erfahrungen unserer Kindheit, der unserer Eltern und den vorherigen Generationen zusammenhängt. Wir kommen nicht als unbeschriebenes Blatt auf die Welt, sondern mit Anlagen, die uns sowohl Talente schenken, als auch Grenzen unserer Möglichkeiten setzen. Daher ist es zunächst sehr wichtig, zu erkennen, worin unsere Stärken bestehen und wovon wir lieber die Finger lassen sollten. Der Standpunkt, dass nicht jeder alles kann oder können sollte, klingt banal, aber wir haben das Gefühl, dass dieser einfache Satz in unserer Gesellschaft nicht viele Anhänger hat.

Wie gelingt Selbstmotivation?

Beginnen wir mit einer Begriffserklärung. Unter Motiven versteht man Beweggründe, die uns zu Handlungen bewegen. Diese Antriebskraft benötigen wir für Dinge, die nicht selbstverständlich bzw. gewohnt ablaufen, wenn wir unbekanntes oder bereits als unangenehm erlebtes Terrain betreten wollen. Motivation ist also unbedingt dann angesagt, wenn sich Widerstände auftun, die es zu überwinden gilt. Dies geschieht in der Regel immer dann, wenn sich Angst oder Unlustgefühle breitmachen. Wir sprachen darüber.

Das bedeutet für diejenigen unter Ihnen, die schon schlechte Erfahrungen gemacht haben, dass Sie mit stärkerem innerem „Gegenwind" rechnen müssen, wenn Sie erneut „liebgewonnene" Gewohnheiten verlassen oder „Neuland" betreten möchten. Also machen Sie es sich bewusst, dass Veränderungen eine sehr gute Vorbereitung benötigen, da diese kein „Kinderspiel" sind. Hierzu möchten wir Ihnen vier Varianten der Selbstmotivation vorstellen, die Sie ausprobieren können.

Erste Möglichkeit: Grundsätzlich kann man sich negativ oder positiv motivieren. Das hängt von der Persönlichkeitsstruktur ab.

Negativ bedeutet, Sie wollen von etwas weg, positiv, Sie arbeiten auf ein reizvolles Ziel hin. Fangen wir als erstes mit dem negativen Weg an.

Fragen Sie sich: Was passiert, wenn alles beim Alten bleibt? Was würde das bedeuten? Überlegen Sie in Ruhe, und am besten schreiben Sie Ihre Antworten auf. Sollte Ihnen das Ergebnis nicht gefallen, kann der Boden für eine Veränderung bereitet sein. Unter dem Motto: „Nein, so will ich das auf gar keinen Fall mehr!" oder „Ich habe die Nase gestrichen voll!" Ein solcher Satz kann beflügeln, denn er nutzt die Kraft der Aggression im guten Sinne.

Zweite Möglichkeit: Die positive Variante. Nehmen Sie sich ein Vorbild. Überlegen Sie, ob es irgendjemanden gibt, dem in einer ähnlichen Situation wie Ihrer das gelungen ist, was Sie sich vorgenommen haben. Dessen Verhalten könnte ein Ansporn sein, unter dem Motto: „Was der/die kann, kann ich auch!" Diese Aussage wäre ermutigend, sie nutzt die Kraft des „kindlichen" Trotzes, der in diesem Fall hilft.

Dritte Möglichkeit: Malen Sie sich Ihr Ziel maximal positiv aus. Drehen Sie gedanklich einen kurzen Film, in dem Sie als „Sieger" Ihres Vorhabens die Hauptrolle spielen. Stellen Sie sich das Lob und den Applaus bildlich vor und

„speichern" Sie diese guten Gefühle, die damit verbunden wären, ab. Unter dem Motto: „ YES! Das wäre echt stark, wenn ich das hinbekommen würde!" Bei dieser Idee kommt unsere „Sehnsucht" ins Spiel, etwas, das gut zum Nucleus accumbens passen würde, der nach möglichst viel Anerkennung „sucht" bzw. sich danach „sehnt".

Vierte Möglichkeit: Teilen Sie Ihr Vorhaben in Etappenziele ein, also in kleinere Schritte, die jeweils bei Erreichen mit einer Belohnung „gefeiert" werden. Wichtig dabei ist, dass das eigentliche Ziel nicht verschoben wird, wenn die ersten Schritte dorthin erfolgreich waren. Dann würden Ihre inneren Anteile, die sich große Mühe geben, es mit Ihnen zusammen zu schaffen, mit Recht sauer werden. Erst wenn alles, was Sie sich vorgenommen haben, und GENAU das erreicht wurde, können Sie sich mit der gewonnenen Kraft und dem Stolz eines „Siegers" etwas Neues vornehmen. Das wäre die vernünftigste Variante, da sie nicht alles sofort erreichen will und Ihnen zwischendurch „Luft" zum Durchatmen lässt.

Übrigens, die Sätze: „Stell dich nicht so an, das wirst du ja wohl hinkriegen!" oder „Jetzt reiß dich mal zusammen!" sind ungeeignet. Wenn Sie aggressiv, im negativen Sinn, gegen sich bzw.

Ihre Gefühle vorgehen, dann erreichen Sie mit an Sicherheit grenzender Wahrscheinlichkeit das Gegenteil von dem, was Sie sich vorgenommen haben.

Über das Sprechen

Achtsamkeitstrainings haben Konjunktur. In diesen aus den USA stammenden Programmen geht es im Wesentlichen um eine gesteigerte Aufmerksamkeit in den Bereichen der Körperwahrnehmung und des achtsamen Umgangs mit sich und seinen Handlungen. Es geht im weitesten Sinn um Entschleunigung. Das ist eine gute Idee und wir möchten diesen Ansatz als erstes Tool in unseren Werkzeugkasten packen und Sie bitten, eine Zeit lang auf den Umgang mit Ihrer Sprache bzw. Ihr Sprechen zu achten. Versuchen Sie, diese Fragen zu beantworten:

Wie sprechen Sie mit und über sich? Freundlich oder ungeduldig und kritisch?

Wie oft verwenden Sie das Wort Ich, um Ihre Position oder Bedürfnisse zu formulieren, oder weichen Sie lieber auf das schon beschriebene man aus?

Wie oft entschuldigen Sie sich für etwas, selbst wenn es eigentlich gar nichts zu entschuldigen gibt?

Wie oft sagen Sie „Typisch ich", wenn etwas schiefläuft?

Und, wie sieht es aus? Was hören Sie, wenn Sie sich zuhören? Spricht aus Ihnen ein liebevolles, tolerantes ICH oder eher ein anspruchsvolles, strenges und unsicheres ICH? Wenn letzteres der Fall ist, dann wäre ein „Sprachtraining" als erster Schritt zur Stärkung Ihres Selbstwertgefühls eine gute Sache.

Warum? Weil unsere Sprache nicht nur Botschaften nach außen transportiert, sondern auch wieder nach innen zurück. Um es einfacher zu sagen: Was wir anderen gegenüber formulieren, verrät einem geübten Zuhörer, welches Selbstbild wir von uns haben, ob wir entscheidungsstark oder unsicher sind, ob wir an uns glauben oder nicht, ob wir Autoritäten gegenüber eher ängstlich oder unbeeindruckt sind, ob wir offen oder verschlossen sind und vieles mehr. Doch nicht nur Ihr Gegenüber hört Ihnen zu und ist von Ihnen beeindruckt oder nicht, auch Ihr Gehirn registriert, was Sie sagen, und verändert oder verfestigt seine Ansichten über die eigene Person.

Inzwischen ist bewiesen: So, wie wir sprechen, denken wir auch. Wissenschaftler erforschen, wie Sprache unsere Denkweise formt und umgekehrt. In einem Versuch erlernten Studenten neue, für sie unbekannte Begriffe für Farben, wonach sich ihre Fähigkeit, Farben der gleichen Skala differenzierter zu unterscheiden, deutlich verbesserte. Die neuen Begriffe und Worte hatten ihr Denken und Sprechen über Farben verändert. Und genau dies geschieht auch, wenn Sie Werturteile über sich fällen und diese aussprechen.

Die Übungen, zu denen wir Ihnen raten, könnten wie folgt aussehen. Nehmen Sie zunächst eine häufig von Ihnen genutzte Formulierung, z. B.: „Das ist mal wieder typisch für mich" oder „Typisch ich!", wenn Sie ungeschickt oder fahrig handeln. Sagen Sie Stopp und fragen Sie sich: Stimmt das denn? Macht mich Ungeschicklichkeit wirklich aus? Oder ist es vielmehr so, dass ich eigentlich ganz geschickt im Umgang mit vielen Dingen bin, nur manchmal, wenn mein Stresslevel zu hoch ist, dann versuche ich, mehrere Sachen gleichzeitig zu tun, und dann geht etwas schief? Also ist es nicht typisch für Sie, ungeschickt zu sein, sondern Sie gehen falsch an die Sache heran und laden sich im Grunde genommen zu viel auf.

Hört sich das nicht völlig anders an? Und bestünde die Aufgabe nicht darin, mehr Ruhe in den Alltag zu bringen, um dann einen Punkt nach dem anderen in Ihrer „typischen" Geschicklichkeit abzuarbeiten? Das würde bedeuten, dass Sie sich nicht selbst „niedermachen", sondern Verständnis für sich und die Anforderungen, die Sie bewältigen wollen oder müssen, aufbrächten.

Der Ansatz für eine Veränderung läge dann vielmehr in der Frage, ob die Aufgabenfülle nicht zu reduzieren wäre. Ihre Geschicklichkeit stünde gar nicht zur Debatte. Diese Einsicht würde Ihr Gehirn ebenso umformen, wie es bei den Studenten mit der differenzierten Farbwahrnehmung geschah. Sie würden vom „Tollpatsch" zum geschickten „Jongleur" mutieren, der nur leider keine Begabung für Multitasking hat, was ganz normal ist, da niemand wirklich über diese Begabung verfügt.

So könnten Sie Schritt für Schritt vorgehen, um die Formulierungen, die Sie stören, zu verändern, indem Sie sich zunächst aufmerksam zuhören, um Ihre Sätze auf deren Wahrheitsgehalt oder ihren Zweck hin zu prüfen. Dann suchen Sie angemessenere Formulierungen und üben sie. Korrigieren Sie sich immer wieder, so lange, bis Ihnen das neue Vokabular flüssig von den Lippen geht. Sie werden die positive Wirkung spüren.

Einfacher ist es, Schimpfworte zu unterlassen, niemals sollten Sie: „Ich Idiot!" oder „Wie blöd bin ich eigentlich?" oder was unsere Sprache sonst noch an negativen Zuschreibungen zu bieten hat, benutzen. Streichen Sie solche Kraftausdrücke, sie tun nicht gut und schwächen Ihren Selbstwert. Bei Wutanfällen gegenüber sich selbst wäre es besser, es mit der Floskel: „Dumm gelaufen" zu probieren oder „So ein Mist!" oder

„Das lief jetzt aber suboptimal." Eine Pauschalierung, wie das Wort Idiot darstellt, ist ganz und gar unangebracht und sendet die falsche Botschaft über uns. Also Achtung, streichen!

Gleiches gilt für „Entschuldigung". Achten Sie darauf, wie häufig Sie dieses Wort benutzten. Wirklich nur dann, wenn Sie etwas „verschuldet" haben? Oder auch dann, wenn Sie das Gefühl haben, Ihr Gegenüber fühlt sich unwohl oder kommt mit etwas nicht zurecht? Dann weg mit diesem Wort! Übrigens, „sorry" ist auch nicht besser. Im schlimmsten Fall könnte bei zu häufiger Verwendung Ihre Umwelt das Gefühl bekommen, dass Sie sich dafür entschuldigen, überhaupt auf der Welt zu sein, und sich generell als „störend" empfinden. Das wäre für Ihr ICH katastrophal.

Heilende Worte

Wir haben alle schon erlebt, dass uns Worte bewegen, erregen, erfreuen, erschrecken oder verändern. Erreicht uns eine unerwartet negative Nachricht, dann heißt es oft: „Das traf mich wie eine Ohrfeige oder wie ein Schlag ins Gesicht!" Diese unangenehme Wirkung von Worten ist jedem bekannt. Unbekannter ist unserer Meinung nach jedoch ihre Kehrseite. Mediziner und Therapeuten erleben immer wieder, dass es gelingt, durch eine behutsame, empathische Wortwahl Menschen in Not zu beruhigen und ihnen zu helfen.

Experimente haben z. B. gezeigt, dass die Dosis eines Schmerzmittels stark gesenkt werden kann, wenn der Arzt dem Patienten vorher die segensreiche Wirkung dieses Mittels genau beschreibt. Am verblüffendsten in diesem Zusammenhang sind sicher jene Studien, die zeigen, dass Schmerzen gelindert werden können, ohne dass ein Wirkstoff in den verabreichten Medikamenten enthalten ist. Das Ergebnis nennt man den Placeboeffekt. Dieser Effekt entsteht allein durch die Kraft der Worte und das Vertrauen, das Patienten ihrem Arzt entgegenbringen.

Ebenfalls interessant in diesem Zusammenhang ist die Psychoneuroimmunologie. Hinter diesem Wortungetüm verbirgt sich ein Forschungsgebiet, das sich mit der Wechselwirkung von psychischem Befinden und dem Immunsystem beschäftigt. Die Ergebnisse von Studien waren eindeutig, unterschiedliche Experimente zeigten klar den negativen Einfluss von Stress, depressiven Verstimmungen oder starker Belastung auf die im Blut nachzuweisenden Abwehrkräfte. Anders ausgedrückt: Das Immunsystem wurde geschwächt. Das Gegenteil war der Fall, wenn die Teilnehmer insgesamt lebensbejahend gestimmt und eher ausgeglichen waren. Ein hohes Selbstwertgefühl und eine starke Selbstwirksamkeit wirkten sich stärkend auf die Immunwerte aus.

Diese Forschungsergebnisse zeigen, wie wichtig es ist, ein positives Selbstbild zu haben und mit seinen Entscheidungen und seinem Lebenswandel zufrieden zu sein, sich selbstwirksam zu empfinden. Die Art und Weise, wie wir mit und von uns sprechen, gehört ganz wesentlich auch dazu. Das haben wir ja schon besprochen.

Genauso achtsam sollte die Wortwahl in Bezug auf unsere Mitmenschen sein. Ob es sich um unsere Kinder, Freunde, Partner oder Kollegen handelt, sie alle haben immer wieder Bestätigung, Ermunterungen, Anerkennung und Lob verdient – ja nötig. Wer verstanden hat, dass Worte sowohl heilende als auch krankmachende Auswirkungen haben können, der hilft sich und anderen, die Selbstheilungskräfte des Körpers durch motivierendes, zugewandtes Sprechen zu mobilisieren. Als Belohnung erhält er ein freundliches Feedback und tut sich und seinen DUs einfach gut.

Ein Hoch auf unsere Selbstgespräche

Denken Sie auch, dass mit Menschen, die mit sich selbst sprechen, wahrscheinlich etwas nicht in Ordnung ist? Dann werden Sie erstaunt sein, dass wir Selbstgespräche als weiteres Tool empfehlen, um sich selbst besser regulieren zu können. Ja, es gibt bedauernswerte Menschen, die an einer psychiatrischen Erkrankung leiden, deren Symptomatik dazu führen kann, laut mit sich selbst zu sprechen oder zu schimpfen. Darum geht es hier aber nicht. Was wir meinen, ist unser stummes Sprechen, das unsere Gedanken formuliert.

Wir wissen alle, dass unser Gehirn unentwegt „spricht". Es macht Pläne, es kommentiert unser Handeln, es erhebt Einspruch, es warnt vor gefährlichen oder unangenehmen Situationen, es spornt uns an, es kritisiert und lobt. Kurzum, es gibt kaum eine Situation in unserem Leben, die nicht mit gedachten Texten unterlegt wird. Zudem ist das Gehirn ein unermüdlicher Geschichtenerzähler, mit einer grenzenlosen Fantasie, abzulesen an unseren Träumen, den wachen und denen im Schlaf. Diese Fähigkeit wollen wir nutzen, um mit ihm, bzw. seinen verschiedenen Anteilen ins Gespräch zu kommen und uns einzumischen.

Logischerweise erzählt das LS andere Geschichten als der PFC. Sie sind nach kurzer Übung leicht zu unterscheiden, denn die kindlichen Äußerungen „hören" sich völlig anders an als die erwachseneren, die eher auf dem Boden der Tatsachen stehen. Die Niederlage, die der PFC wegstecken musste, als er vorschlug, mehr Sport zu treiben, kennen Sie ja bereits. Ein typisches Beispiel, anhand dessen man erkennen kann, dass wir die Stimmung einer lustbetonten Ablehnung sicherlich nicht mit der einer weitsichtigen Idee verwechseln würden, oder? Deshalb kommt für diejenigen, die sich schon des Öfteren darüber geärgert haben, dass derartige vernünftige Vorhaben immer wieder gescheitert sind, jetzt eine Lösung für dieses Problem.

Es funktioniert ähnlich wie bei einer Talkshow. Die Argumente der geladenen Gäste gehen hin und her, Meinung steht gegen Meinung, es wird laut – bis der/die Moderator/in die er-

hitzen Gemüter zur Ruhe mahnt und den Redefluss stoppt, die Diskussionsinhalte sortiert
und das Gespräch in eine bestimmte Richtung
lenkt. Ein solcher Stopp kann auch unseren inneren „Redefluss" in konstruktive Selbstgespräche führen, wenn wir Übung darin haben. Dazu
benötigen wir allerdings ganz konkrete Teilnehmer in unserer innerpsychischen Talkshow und
selbstverständlich eine/n Moderator/in. Wie ein
solches Setting aussehen könnte, wird der Inhalt
der nächsten Seiten sein.

Familiengründung

K ommen wir zunächst auf das Freudsche
Drei-Instanzen-Modell zurück. Wie schon
erklärt, unterteilte Freud unsere Psyche in drei
Bereiche, das Über-Ich, das Es und das Ich. Darüber, welche Bedeutung den einzelnen Instanzen
zukommt, haben wir schon gesprochen, auch
über deren Ungleichgewicht und Entstehungsgeschichte. Wenn man nun die Erkenntnisse der
Neurowissenschaft mit diesem Modell verbindet,
steht das Gerüst für die „Innere-Kind-Arbeit",
so wie wir Sie Ihnen als wichtigstes Werkzeug
vorstellen möchten. Vielleicht haben Sie schon
Bekanntschaft mit einem der zahlreichen Bücher
gemacht, die über diese Technik verfasst worden

sind. Das innere Kind hatte in den letzten Monaten regelrecht Konjunktur und führte die Bestsellerlisten an. Einer der Gründe aber, warum wir uns nochmals an diesen keineswegs neuen Stoff heranwagen wollen, ist, dass uns die dort empfohlenen Vorgehensweisen zu diesem Thema unbefriedigt ließen, ein weiterer ist, dass uns kein besseres Werkzeug bekannt ist, sich selbst erfolgreich zu regulieren.

Wie funktioniert unser Modell? Wir schlagen folgendes Bild vor: Eine Familie mit zwei Kindern und einem alleinerziehenden Elternteil. Sie können auch bei einer Talkrunde bleiben, oder vielleicht auf dem Spielplatz, mit einem/r Erzieher/in und zwei Kindern. Übertragen wir dieses Bild auf die vereinfachte Einteilung unseres Gehirns, dann haben wir das LS mit zwei Kindern besetzt und den PFC mit einem Elternteil oder einer Aufsichtsperson. Jetzt werden Sie sich fragen, warum zwei Kinder, wo es doch nur ein LS gibt? Gute Frage. Für die Antwort müssen wir uns das LS noch genauer ansehen und zwei Gegenspieler in ihm identifizieren, die wesentlich für unseren Gefühlshaushalt sind: zum einen die Amygdala, auch Mandelkern genannt, die hauptsächlich, vereinfacht ausgedrückt, für unsere Ängste, Wut, Trauer und Fluchtgedanken zuständig ist, und zum anderen den Nucleus accumbens, der für alles verantwortlich ist, was im Leben Spaß macht. Er ist unser Belohnungs- und Antriebssystem.

Das ist der Grund, warum für unsere Familiengründung zwei Kinder notwendig sind. Eines, das eher übermütig und lustbetont ist, und ein zweites eher vorsichtiges und ängstliches. Denn wir haben in der Regel beide Anteile in uns, den, der uns manchmal „mulmige" Gefühle sendet, und den, der gerne Party macht, auf „verrückte" Ideen kommt und sehr oft einfach nicht zu bändigen ist. Beide Anteile sind gleich wertvoll. Ohne einen von ihnen wären wir sozial nicht lebensfähig, was die Neurowissenschaft anhand von Untersuchungen an Patienten, denen durch einen Unfall oder eine genetische Fehlbildung eines dieser Areale fehlte oder beschädigt war, herausgefunden hat. Also seien Sie froh, zwei so unterschiedliche kindliche Anteile in Ihrem Gehirn zu haben, auch wenn der Umgang mit ihnen oft anstrengend ist.

Jetzt fehlt noch der Elternteil. Diese Rolle übernimmt logischerweise der PFC. Er sollte im Idealfall die oben beschriebene Ruhe ins System bringen, die kindlichen Gedanken bewerten, ordnen und die Entscheidung für eine bestimmte Marschrichtung treffen. Sie erinnern sich an Freuds Aussage über das ICH als Entscheidungsinstanz und seine Vernunft? Genau, nur wenn diese regulierend eingreift, dann sind wir sozial verträglich. Und wir möchten hinzufügen, dass wir erst dann in der Lage sind, unsere Bedürfnisse umzusetzen, um somit selbstbestimmter leben zu können.

Jetzt steht die Familie. Wir sind der Meinung, dass dieses Bild uns so vertraut ist, dass wir keine Probleme haben werden, es uns vorzustellen, um damit arbeiten zu können.

Bevor wir Ihnen zeigen, wie solche Gespräche ablaufen können, sollten Sie Ihre Kinder erst einmal kennenlernen. Glücklicherweise ist es häufig Familientradition, für jeden Nachwuchs ein Fotoalbum anzulegen. Nehmen Sie Ihres zur Hand und suchen Sie nach Fotos, die den beiden beschriebenen Kindern am nächsten kommen. Unserer Erfahrung nach sind Bilder im Alter ab ca. 3–4 Jahren bis zu 10–12 Jahren am besten geeignet. Suchen Sie in den Gesichtern Ihrer Kindheit nach den Gefühlen, die Ihnen auch im Erwachsenenleben vertraut sind, denn emotional sind wir ja nicht erwachsen geworden. Sie werden sich wundern, wie wenig Unterschied zwischen einem traurigen Fünfjährigen und einem traurigen Fünfzigjährigen besteht. Das Gleiche gilt für das glückliche oder verschmitzte Lachen eines Kindes, es bleibt uns erhalten.

Die gefundenen Bilder werden, jedes für sich, so gerahmt, dass Sie diese vor sich aufstellen können. Jetzt wird es für den/die eine/n oder andere/n Leser/in vielleicht schon ziemlich „albern" oder „fantastisch", aber Sie sollten Ihren Kindern Namen geben. Namen, die Sie mögen, die Sie mit etwas Positivem verbinden. Sollten Sie kein Fotoalbum zur Verfügung haben, dann können Sie auch Figuren aus Büchern oder Märchen verwenden. Als Beispiel der schüchterne Mogli und der unternehmungslustige Aladdin. Diese müssen Sie sich allerdings bildlich vorstellen können und Sie sollten positive Gefühle mit ihnen verbinden. Auch in diesem Fall können Sie mit Abbildungen arbeiten.

Der „Spuk" geht weiter. Um die Gedanken und Stimmen Ihrer beiden Kinder unterscheiden zu lernen, benötigen Sie Übung. Am besten klappt dies, wenn Sie sich morgens oder abends vor die gerahmten Fotos setzten und sie fragen: „Wie geht es Euch?" Abends wäre eine gute Frage: „Wie war euer Tag?" Mit Geduld und Konzentration gelingt es, sie zum „Sprechen" zu bringen. Es könnten Antworten kommen wie: „Mann, war das heute mal wieder ein langweiliger Tag" oder: „Wann gehen wir denn mal wieder shoppen?" Am Morgen: „Ich habe keine Lust, zur Arbeit zu gehen" oder: „Wenn ich an die Besprechung mit dem Chef denke, wird mir ganz mulmig."

Egal was für Reaktionen Sie erhalten, man kann sie einem Anteil zuordnen. Sie wissen dann, was los ist, warum Sie sich nicht wirklich wohlfühlen, was quer sitzt, oder warum Sie überschwänglich guter Laune sind. Ihre unterschiedlichen Gefühle haben nun ein Gesicht und einen Namen.

Jetzt kommt die Mutter oder der Vater ins Spiel. Vielleicht stellen Sie sich die Frage, warum Vater oder Mutter? Ganz einfach: Sind Sie ein Leser, dann sind Sie der Vater der Kinder. Sind Sie eine Leserin, dann nehmen Sie die Rolle der Mutter ein. Wir nutzen ja das bekannte Bild der Familie – nur hier mit alleinerziehenden Elternteilen.

Diesen benötigen wir, um mit den Kleinen zu reden. Denn die Fragerei ändert nur dann etwas an Ihren mulmigen oder übermütigen Gefühlen, wenn die Antwort eine klärende und/oder beruhigende Wirkung hat, und zwar für alle Beteiligten. Das ist der wesentliche Punkt dieser Methode.

Um dies genauer zu verstehen, gehen wir noch einmal zurück in die Neurobiologie. Sie haben sicher schon einmal etwas von Stresshormonen gehört. Diese Hormone, auch Botenstoffe genannt, werden von der Ihnen schon bekannten Amygdala in Gang gesetzt und lösen in unserem Körper u. a. stressige Gefühle wie Schwitzen, Herzklopfen, Magenschmerzen etc. aus. Man sagt zu diesem Vorgang auch, die Amygdala feuert, und dann kann es unangenehm werden. Der Nucleus accumbens ist gleichermaßen in der Lage zu „feuern", so wie alle anderen Areale in unserem Gehirn auch aktiv werden können, nur führt seine Aktivität zur Ausschüttung von Hormonen wie unter anderem Serotonin oder Dopamin, die für Wohlbefinden oder positive Energie sorgen. Diese hormonellen Geschehnisse laufen ab, ob wir das wollen oder nicht, und senden uns Botschaften, positive oder weniger schöne, bis hin zur Euphorie oder Angst. Verhindern können wir das nicht. Aber wir können den Mechanismus hemmen. Dies wurde in zahlreichen wissenschaftlichen Studien bewiesen – welch ein großes Glück! Denn wir sind dem Geschehen nicht ganz hilflos ausgeliefert – wir haben einen Hebel zur Hand, den wir nutzen können.

Was bedeutet das nun für die Gespräche mit unseren inneren Kindern? Wir waren beim Familienoberhaupt stehen geblieben, das bekanntermaßen für den PFC oder auch das ICH steht, das außerhalb des LS liegt und deshalb Einfluss auf dessen Aktivitäten, sprich unsere Gefühle, nehmen kann. Die Aufgabe des Vaters oder der Mutter – also des PFC – liegt in der benannten Hemmung, anders ausgedrückt, in Beruhigung oder Abschwächung unseres Gefühlshaushaltes. Dass dies keine einfache Aufgabe ist, haben wir ja schon besprochen, denn leider „schwächelt" der PFC gegenüber dem LS ganz erheblich, er muss fitter gemacht werden und das geht nur mit Übung, aber es funktioniert, versprochen.

Erste Übung: Würden Sie Ihre kleinen Kinder mit zur Arbeit nehmen; wir meinen freiwillig und nicht als Notfallplan? Sicher nicht, da Sie sonst nicht ungestört arbeiten könnten. Genauso geht es dem PFC, er kann nicht richtig arbeiten, wenn im LS die Post abgeht. Die kindlichen Anteile können nämlich nicht mit erwachsenen Aufgaben umgehen – sie sind schlicht überfordert, senden nicht selten irrationale Botschaften und aktivieren so den Stress. Dann wird der PFC, wie die Fachleute sagen, von Hormonen des LS „überschwemmt", anders ausgedrückt, er säuft ab. Als Erstes gilt es, dies zu verhindern, und deshalb sollte bei allen erwachsenen Tätigkeiten und wichtigen Entscheidungen imaginär möglichst viel Abstand zwischen beide Areale gebracht werden. In unserer Familienmodell heißt das, die inneren Kinder müssen gedanklich in Schuträume gebracht werden, und das geht so:

Stellen Sie sich einen Ort vor, an dem Sie sich in Ihrer Kindheit so richtig wohlgefühlt haben. Das kann ein Baumhaus, eine Höhle, die Küche der Oma oder ein Versteck im Kinderzimmer sein. Es ist nur wichtig, dass es ein Ort ist, der Ihnen Geborgenheit und gute Gefühle vermittelt hat. Da wir zwei Kinder haben, brauchen wir zwei von diesen Oasen. Dorthin bringen Sie die Kinder in Ihrer Vorstellung, wenn Sie zur Arbeit gehen. Sie sprechen die Kleinen an: „So, ihr Lieben, die Mama/der Papa geht jetzt ins Büro und ihr geht spielen." Versuchen Sie, sich diesen Vorgang bildlich vorzustellen, verabschieden Sie sich, wenn die Kinder in ihren Schutzräumen sind, und gehen Sie Ihren erwachsenen Verpflichtungen nach.

Wenn Sie schon am Morgen eine gewisse Aufregung verspüren sollten, dann ist es besonders wichtig, das ängstliche Kind damit zu trösten, dass SIE die Sache lösen werden, allein, und auf vergangene Erfolge hinweisen, etwa so: „Bitte geh spielen, du machst mich ganz nervös, wenn du mitkommst. Lässt du mich allein mit dem Chef sprechen, dann kriege ich das prima hin. Erinnere dich an das letzte Mal, da hatte ich auch eine sehr gute Idee. Bitte vertrau mir, und jetzt ab in deine Höhle. Alles wird gut. Und du weißt doch, dass du mir damit ganz doll hilfst."

Sollten Sie während des Tages erneut Nervosität verspüren, dann wiederholen Sie die Übung so oft, bis Sie ruhiger werden.

Ja, das hört sich wirklich sehr merkwürdig an, aber der Sinn ist, keine kindlichen Gefühle aufkommen zu lassen, während Sie möglichst rational und konzentriert arbeiten wollen. Es braucht den Abstand, damit Ihre Vernunft, Ihr Verstand ungestört funktionieren können. Wichtig ist natürlich, dass Sie die Kinder wieder abholen, wenn Feierabend ist, denn für unsere Freizeit sind sie wichtig. Sie sorgen für Spaß, Freude, Geselligkeit und Wohlbefinden.

Zweite Übung: Nehmen wir den Plan, mehr Sport zu machen, der ja bei unserem Beispiel am Anfang schiefgegangen ist. Gleiche Ausgangssituation, Sie – Ihr ICH – wollen das Gewicht reduzieren und auch etwas für die Gesundheit tun. Dazu scheint es sinnvoll, dreimal in der Woche ins Fitnessstudio zu gehen. Ihr lustbetontes Kind (im Nucleus accumbens) ist natürlich nicht begeistert, bliebe lieber gemütlich zu Hause – hat also keine Lust auf diese lästige Betätigung. Jetzt heißt es, gut zu argumentieren. Sie könnten sagen: „Hör mal zu, mein/e Liebe/r, für mich ist es wichtig, wieder fitter und schlanker zu werden. Denk doch mal an unseren geplanten Badeurlaub. Möchtest du, dass wir am Strand gut aussehen, oder ist es dir lieber, wenn wir uns immer ein Handtuch um den peinlichen Bauch binden müssen, weil wir zu dick sind? Wir wollen doch chic aussehen, oder?"

Gute Frage, denn der lustbetonte Anteil hat natürlich auch Lust auf Komplimente, das lockt. Die kindliche Antwort könnte lauten: „Klar wäre das toll, wenn wir gut aussehen würden, aber drei-mal die Woche diesen Stress, das ist doch blöd, und bis zum Urlaub sind doch noch vier Monate Zeit, können wir das nicht später machen?"

Ihre Antwort: „Nein, das können wir nicht. Ich brauche die Zeit, um das zu erreichen, was ich erreichen will. Aber okay, ich mach dir ein Angebot. Wir fangen mit zweimal in der Woche an und sehen, wie es wirkt. Wenn es dir und mir dann Spaß macht, weil wir den Erfolg sehen, dann können wir ja immer noch auf dreimal er-höhen, oder wir bleiben bei zweimal. Außerdem musst du ja nicht mitkommen, ich gehe allein, und du kannst in deine Höhle gehen und spielen, bis ich wiederkomme. Ist das okay für dich?"

Das nennt man einen „Deal" aushandeln, der notwendig ist, denn etwas gegen die inne-ren Kinder zu unternehmen, was sie nicht wol-len, klappt nicht, Druck oder Zwang führt zu Gegendruck, wie im richtigen Leben. Ihre Pläne werden boykottiert. Und das gilt es zu verhin-dern. Bei diesem Beispiel wurde das aufkom-mende Unlustgefühl gehemmt, indem ein Kom-promiss zwischen den Gegenspielern hergestellt werden konnte. Das kindliche Bedürfnis, alles haben zu wollen, also keinen Sport und trotz-dem gut auszusehen, ist nicht verwerflich, aber leider gehen solche und andere Wünsche dieser Art an der Realität vorbei. Das können Kinder aber noch nicht wissen. Daher sind Sie gefragt, um es ihnen zu erklären, verständnisvoll, aber manchmal auch mit Nachdruck.

In beiden Fällen wurde die Aktivität des LS gehemmt. Im ersten in weiser Voraussicht, um möglicher Nervosität vor ernsten Gesprächen oder schwierigen Aufgaben vorzubeugen oder einfach einen klaren Kopf zu haben. Im zweiten durch den Deal zur Erreichung der angestrebten Ziele.

Um diese Übungen für Sie noch klarer zu machen, folgen noch zwei ausführlichere Beispiele.

Was tun, wenn mulmige Gefühle aufkommen?

Stellen Sie sich Folgendes vor: Sie haben ein Bewerbungsgespräch vor sich, oder irgendeine andere Prüfungssituation. Nervosität macht sich bemerkbar. Herzklopfen, leichte Übelkeit, feuchte Hände, Kopfschmerzen, weiche Knie oder andere Körpersensationen als Folge einer Stressreaktion, ausgelöst durch Stresshormone, die durch Ihren Körper fluten. Das wäre dann der passende Moment, um Ihren ängstlichen Anteil anzusprechen, denn Sie spüren ganz deutlich, dass Ihre Amygdala „feuert" und Ihnen dadurch Ihre Souveränität raubt. Hier nun ein Beispiel, wie ein solcher innerer Dialog aussehen könnte.

Erwachsener: Hallo liebe/r Maxi, ich möchte mit dir sprechen, magst du?

Maxi: Ja, wieso?

Erw.: Ich habe das Gefühl, dir geht es im Moment nicht gut, kann das sein?

Maxi: Stimmt, ich habe ganz doll Angst, dass wir nicht genommen werden bei der Firma X.

Erw.: Oh, ich habe mir schon gedacht, dass es der Termin ist, vor dem du Angst hast. Deshalb möchte ich dich bitten, zur Oma in die Küche zu gehen, denn so ein Termin ist viel zu aufregend für dich. Das ist nur was für Erwachsene, deshalb gehe ich ganz allein da hin.

Maxi: Aber wenn du es nicht schaffst, dass die dich nehmen, dann habe ich trotzdem Angst, dass dich die anderen auslachen.

Erw.: Warum sollte ich es nicht schaffen? Ich habe mich sehr gut vorbereitet, kenne die Firma inzwischen bestens und weiß, warum sie mich haben wollen. Das wird schon gut gehen.

Maxi: Aber wenn nicht, dann müssen wir uns schämen. Was ist, wenn du nicht alle Fragen beantworten kannst? Dann denken die, du bist doof.

Erw.: Noch mal: Es wird gut gehen. Wenn ich etwas nicht weiß, dann sage ich das, und wenn die meinen, dass man alles wissen muss, um ein guter Mitarbeiter zu sein, weißt du, was dann ist?

Maxi: Dann wollen die uns nicht haben.

Erw.: Nein, dann sind die doof! Denn dann wünschen die sich eine/n Superfrau/mann, die/den es nirgendwo geben kann. In so eine Firma will ich dann auch nicht mehr. So sieht das aus, verstehst du?

Maxi: Du meinst also, es wäre nicht schlimm, wenn wir nicht alle Fragen, die die stellen, beantworten können?

Erw.: Genau, das meine ich, mein/e Liebe/r. Wir wissen viel, haben in den letzten Jahren so gute Arbeit geleistet bei Y und Z, haben eine richtig tolle Position, gerade erst eine Gehaltserhöhung bekommen und waren beliebt bei den Kollegen. Also es gibt gar keinen Grund, Angst vor dem Gespräch zu haben.

Maxi: Okay, das stimmt, wir sind oft gelobt worden, aber wenn es bei X trotzdem nicht klappt, dann müssen wir uns schämen oder werden ausgelacht, dass wir es überhaupt versucht haben.

Erw.: Nein, auch das müssen wir nicht. Vor wem denn?

Maxi: Vor allen, denen wir davon erzählt haben.

Erw.: Aber wir haben es doch nur unseren Freunden erzählt und die würden uns nie auslachen, die drücken uns doch die Daumen, dass es klappt. Wo gibt es denn so was, dass Freunde lachen, wenn was schiefläuft.

Maxi: Stimmt, so gemein sind die nicht, aber früher, als wir in der Schule mal nicht weiterwussten, da haben uns die anderen doch ausgelacht, das weiß ich noch ganz genau.

Erw.: Ach du meine Güte, das ist ja schon ewig her. Das kannst du gar nicht vergleichen. Ich gehe jetzt doch nicht in den Matheunterricht und habe meine Hausaufgaben vergessen und unsere Freunde sind auch nicht gemein, das hast du selbst gesagt.

Maxi: Stimmt. Du meinst also, das war früher anders als heute?

Erw.: Ganz bestimmt, ich bin jetzt erwachsen, habe viele Erfahrungen gemacht, Prüfungen bestanden, und es ist mir bis jetzt immer etwas eingefallen, wenn es brenzlig wurde. Heute ist heute und nicht gestern und schon gar nicht vorgestern. Bitte vertrau mir, ich krieg das hin, so oder so.

Maxi: Na gut, wenn du meinst.

Erw.: Ja, mein ich, und wenn du mir helfen willst, dann lässt du mich jetzt mit deiner Angst in Ruhe. Ich brauche einen klaren Kopf. Darum jetzt ab zu Oma, bitte!

Maxi: Okay, dann gehe ich jetzt.

Erw.: Danke, mein/e Liebe/r. Wenn alles vorbei ist, dann hole ich dich wieder ab und wir gehen ein Eis essen. Gut?

Maxi: Gut.

Typisch für die Gespräche mit unseren kindlichen Anteilen ist, dass sie oft in der Vergangenheit leben. Negative Erfahrungen aus der Kindheit oder Jugend werden von ihnen gerne auf die Gegenwart übertragen. Deshalb ist es wichtig, dass Sie ihnen klarmachen, dass heutige Ereignisse mit denen von damals nichts zu tun haben. Sie sind kein Kind mehr, wissen sich jetzt zu helfen und können sich auf Ihre Kompetenzen verlassen. Überzeugen Sie sich selbst, indem Sie Ihre Ängste in die kindliche Schublade packen. Sagen Sie sich, indem Sie es Ihren inneren Kindern erklären, die Vergangenheit ist vergangen. Zählen Sie alle „Siege" der letzten Zeit auf, und machen Sie sich klar, wie kompetent Sie geworden sind.

Sollte es beim ersten Gespräch nicht klappen, Ihre Nervosität zu vertreiben, was nicht verwunderlich wäre, dann wiederholen Sie den Dialog in Varianten. Es bedarf einer gewissen Übung, um die Hemmung der Stresshormone zu erreichen, deshalb sind tägliche kurze Dialoge wie angesprochen hilfreich, um darin Routine zu bekommen.

Die Kraft der Gedanken

Stellen Sie sich vor, Sie kommen in eine Kneipe, in der Flipperautomaten stehen. Zunächst ist nichts ungewöhnlich, denn es blinkt und klappert wie gewohnt, bis Ihnen auffällt, dass die Spieler, die Automaten, vor denen sie stehen, gar nicht berühren. Sie sind engagiert dabei, begleiten den Spielverlauf mit den bekannten Gefühlsausbrüchen, aber sie haben die Hände in den Hosentaschen und tragen merkwürdige „Badekappen", die mit zahlreichen Knöpfen und Kabeln bestückt sind, auf dem Kopf. Was passiert da?

Die Antwort auf dieses leicht gespenstisch anmutende Bild heißt Brain-Computer-Interfaces, abgekürzt BCI. Soweit wir informiert sind, gibt es so eine Kneipe noch nicht, aber es könnte sie bereits geben, denn BCI haben längst Einzug in zahlreiche Bereiche unseres Alltags gefunden. Diese Technik basiert auf der Erkenntnis, dass schon Vorstellungen von Bewegungen ausreichen, um Hirnaktivitäten messbar zu verändern. Einfacher ausgedrückt: Gedanken steuern technische Geräte. Am plakativsten ist dies bei Menschen zu beobachten, die zum Beispiel auf eine Handprothese angewiesen sind. Sie trainieren die Bewegungen ihrer künstlichen Hand gedanklich. Das heißt, sie geben der Prothese die Befehle, die sie in die Lage versetzen, das zu tun, was im Moment notwendig ist – ein Glas zu heben, eine Türklinke niederzudrücken oder nach etwas zu greifen. Im Laufe der Zeit und mit ausdauerndem Training funktionieren die nötigten Bewegungsabläufe immer reibungsloser, sodass die Behinderung für den Betroffenen extrem gelindert wird.

Das ist nur eine von vielen Einsatzmöglichkeiten dieser Technik, die uns in Zukunft noch des Öfteren begegnen wird. Wie wäre es, wenn Sie zukünftig Ihre Mails schreiben ließen, indem Sie die Texte einfach nur denken?

Vielleicht fragen Sie sich jetzt, was BCI mit unserem Buch zu tun hat. Wir denken, sehr viel. Diese Technik beweist, was Gedankenkraft bewirken kann, und nichts anderes wollten wir Ihnen demonstrieren. Egal, ob es sich um Gespräche handelt, die Sie an Ihre „inneren Kindern" richten, ob Sie zielgerichtete Selbstgespräche führen oder Bilder imaginieren, die Sie motivieren. Das Prinzip ist das Gleiche: Sie nehmen Einfluss auf Ihre Gehirnaktivitäten, hemmend oder aktivierend. Wir möchten Ihnen diese „Wunderwaffe" an die Hand geben, damit Ihnen in Zukunft ohne technische Hilfe das gelingt, was die oben beschriebenen Flipperspieler schaffen – gedanklich Ihre „Kugel" ins Ziel zu steuern.

Was tun, wenn sich Unlust breitmacht?

Zweites Beispiel: Die Ausgangssituation ist ähnlich wie bei dem im Text besprochenen Thema Sport. Jetzt stellen Sie sich vor, Sie möchten 2–3 Kilo abnehmen und wollen deshalb Ihre Ernährung umstellen. Diese Idee wird von Ihrem lustbetonten Anteil ausgesprochen negativ bewertet. Protest macht sich breit. In diesem Fall „feuert" der Nucleus accumbens, der keine Lust auf Beschränkungen hat und daher zum Gegner Ihrer Pläne wird. Auch hier drohen Sie, Ihre Souveränität zu verlieren. Daher muss gesprochen werden.

Erw.: Hallo, Alex, könntest du bitte mal kommen, ich möchte mit dir sprechen.

Alex: Okay, aber ich bin sauer.

Erw.: Genau deshalb müssen wir reden. Ich merke, dass dir mein Plan, abzunehmen überhaupt nicht gefällt.

Alex: Genau, das finde ich richtig blöde. Denn ich weiß schon, was dann passiert: Wir werden Hunger haben und es gibt keine leckeren Sachen mehr.

Erw.: Moment mal, mein Schatz, ich glaube, da hast du etwas nicht ganz richtig verstanden.

Alex: Doch, das habe ich. Ich weiß noch, wie es beim letzten Mal gelaufen ist. Das war ganz, ganz schrecklich.

Erw.: Ja, damals habe ich auch einen Fehler gemacht, weil ich so eine blöde Diät angefangen habe. Diesmal mache ich es anders, das habe ich dir schon erzählt.

Alex: Jaja, aber was soll denn da anders sein? Alles, was lecker ist, ist mal wieder verboten.

Erw.: Nein, ist es nicht. Ich habe nur vor, dass wir von allen leckeren Sachen wie Nudeln, Kuchen und Schoki weniger essen, das ist alles.

Alex: Wie wenig? Winzig kleine Stückchen? Das macht keinen Spaß!

Erw.: Kann sein, dass dir das keinen Spaß macht, aber ich möchte das so, damit wir wieder in unsere Klamotten passen, ohne die Luft anhalten zu müssen.

Alex: Wir könnten neue kaufen, die alten Sachen sind doch eh blöde.

Erw.: Oh nein, das machen wir mit Sicherheit nicht. Denn es macht überhaupt keinen Spaß, sich Klamotten zu kaufen, die eine Nummer größer sind. Dafür gebe ich kein Geld aus.

Alex: Aber wenn wir soooo wenig zu essen bekommen, dann haben wir schlechte Laune und gar keinen Spaß mehr und Kopfschmerzen.

Erw.: So wie damals wird es nicht sein, denn diesmal probieren wir was Neues aus. Ich koche leckere Gerichte, nur mit weniger Kalorien. Davon können wir dann auch eine große Portion essen und haben keinen Hunger. Der Spaß kommt dann später. Rate mal.

Alex: Weiß nicht. Wann denn?

Erw.: Was passiert, wenn wir auf diese Art abnehmen?

Alex: Dann passen wir wieder in unsere alten Klamotten – toll!

Erw.: Ja, das würde mich sehr freuen, aber ich denke an etwas anderes, eine Überraschung.

Alex: Eine Überraschung? Super, welche denn?

Erw.: Wenn wir unser Ziel erreicht haben, dann darfst du dir etwas wünschen, was uns beiden so richtig viel Spaß macht. Dann bist du der Bestimmer!

Alex: Echt? Was ich will?

Erw.: Ja, wenn die Idee, die du hast, auch mir gefällt. Aber da habe ich keine Angst, dass wir nichts finden. Weißt du noch, wie lustig es war, als wir im Urlaub waren und zusammen Quatsch gemacht haben? An so was habe ich gedacht. Wie findest du das?

Alex: Oh ja, das war toll, wir haben mit den anderen viel gelacht. Das will ich wieder machen.

Erw.: Das dachte ich mir. Wir belohnen uns damit, dass wir uns wieder im Spiegel gefallen und mit sehr guter Laune einen fröhlichen Urlaub planen.

Alex: Okay, aber ich hoffe, dass es nicht so lange dauert, bis wir loslegen können.

Erw.: Wenn du mir hilfst und nicht immer wieder meckerst, dann ist es bald geschafft. Lass mich mal machen, du kannst dich ja inzwischen immer wieder mal in deiner Höhle verstecken und spielen, wenn es dir zu lange dauert. Ich kaufe allein ein und koche. Du wirst sehen, diesmal wird es auch dir schmecken. Versprochen.

Alex: Ohne, dass ich Hunger haben werde? Echt versprochen?

Erw.: Versprochen! Wir werden uns schnell umgewöhnen, und dann sind wir auf dem richtigen Weg und bleiben auch dabei.

Alex: Für immer? Oje.

Erw.: Ja, das hoffe ich, denn dann brauchen wir uns um unser Gewicht nicht mehr zu kümmern. Ist doch super, oder?

Alex: Ich weiß nicht, ob das klappt. Das hört sich nicht gut an.

Erw.: Lass uns erst mal anfangen und wenn du Probleme hast, dann reden wir wieder. Jetzt lass mich machen, geh in deine Höhle und nerv bitte nicht rum. Ich weiß, was ich tue, glaub mir bitte.

Alex: Okay, aber wenn es mir schlecht geht, dann sag ich dir das.

Erw.: Ja, das kannst du gerne tun. Aber ich denke, es wird dir nicht schlecht gehen. Also ab mit dir.

Vielleicht spüren Sie, dass die Tonlage dieses Dialoges etwas anders ist. Unsere übermütigen, lustbetonten Anteile sind in der Regel etwas aggressiver, fordernder als die ängstlichen, das liegt in der Natur der Sache. Daher können Sie ruhig etwas bestimmter in Ihrer Argumentation sein, um die Zügel fester in der Hand zu halten. Auch diese Anteile sind in der Vergangenheit verhaftet und argumentieren mit Vergangenem. Daher wäre es hilfreich, alte Verhaltensweisen, die nicht zum gewünschten Ziel geführt haben, nicht zu wiederholen.

Wenn Sie schon mehrere Diäten gemacht haben, dann ist die nächste erneut zum Scheitern verurteilt, weil Sie mit alten Mechanismen Ihren „unwilligen" Anteil nicht mit ins Boot bekommen. Sie könnten den neuerlichen Plan, abzunehmen, nicht gut verteidigen und gute Argumente und das Angebot einer Belohnung gehören zur erfolgreichen Verwirklichung des Vorhabens. Zur Verstärkung der Sache wäre es hilfreich, das Gespräch immer wieder neu zu suchen, besonders dann, wenn die Tage gut verlaufen sind und Sie wirklich kein großes Verlangen nach den „Leckereien" der Vergangenheit haben. Unter dem Motto: „Siehst du, ich habe es dir doch gesagt, es geht uns gut, und wir haben richtig toll abgenommen." Dann sind Sie zu einer „Mannschaft" zusammengewachsen, die an einem Strang zieht, um den Plan erfolgreich zu realisieren.

Die Kraft unserer Gedanken/Gefühle ist groß. Sie können im wahrsten Wortsinn „Berge versetzten", das haben zahlreiche wissenschaftliche Studien gezeigt. Suggestion und Imagination werden für zahlreiche Erkrankungen und Problemfelder eingesetzt, die „Innere-Kind-Arbeit" gehört auch dazu. Wenn es jedoch um schwerwiegende neurotische Störungen geht, wie z. B. eine Angststörung, depressive Episoden oder Zwangsstörungen, sollte diese Technik ausschließlich in Begleitung eines/r Therapeuten/in durchgeführt werden, denn dann gehen die „inneren Dialoge" sehr tief. Sie behandeln in solchen Fällen Verletzungen, die in der Kindheit entstanden sind. Diese Arbeit ist mühsam, zieht sich über lange Zeit hin und benötigt für den Klienten die Unterstützung eines professionellen Partners, der mit viel Verständnis, Geduld und Empathie die schmerzhaften Erfahrungen, die mit der Aufarbeitung der Vergangenheit verbunden sind, auffängt.

Wenn Sie sich für so eine Arbeitsweise interessieren, dann empfehlen wir Ihnen folgendes Buch:

Felix Gruen – Ich ohne Angst

Wie komme ich aus meiner Angst raus? Und woher kommt sie überhaupt? Warum bestimmt sie mein Leben? Diese Fragen stellte sich Felix Gruen, denn Angst begleitete ihn viele Jahre lang, bis es zu einem Burnout kam. Wie es trotzdem gelingen kann, einen Weg aus den subjektiven übersteigerten Ängsten zu finden, beschreibt er in seinem Buch.

Er erklärt, warum es notwendig ist, Hilfe von außen zu suchen, und schildert anhand praktischer Beispiele aus der durchlebten Therapiearbeit den Weg aus seiner Angststörung. Ein Schwerpunkt ist die Innere-Kind-Arbeit. Wie diese funktioniert und wie auch Sie Ihre inneren Kinder kennenlernen können, wird anhand zahlreicher Beispiele plastisch geschildert. Das Ergebnis: ein Erlebnisbericht, der zeigt, dass ein selbstbestimmteres Leben ohne zerstörerische Ängste möglich ist.

Heldentaten

In diesem Kapitel widmen wir uns zwei sogenannten „Weisheiten", die man mit Recht zu
den sozialen Introjekten zählen kann. Sie präg(t)
en besonders die Menschen der Nachkriegsge-
nerationen, und das, wie das bei derartigen Sprü-
chen oft üblich ist, negativ.

**Nummer eins: Hochmut und Stolz wachsen
auf einem Holz.** Wer das nie gehört hat, kann
froh sein, diesem Vorurteil entronnen zu sein,
das einem wichtigen, kreatürlichen Gefühl ent-
gegensteht, nämlich dem Stolz. Sein gesellschaftlich positiv bewerteter „Gegenspieler" ist die
Bescheidenheit. Sie wurde als erstrebenswerte
Eigenschaften gehandelt. Stolz hingegen wurde
in einen Topf mit Angeberei und egoistischem,
sprich rücksichtslosem Verhalten geworfen. Das
hat(te) negative Auswirkungen auf die jeweiligen ICHs, die diese Ansichten befolg(t)en. Mehr
oder weniger freiwillig. Warum?

Unser Blick geht wieder zurück in unsere
Kindheit. Sie können sich sicher noch daran erinnern, wie stolz Sie waren, als Ihnen etwas gelungen ist, um das Sie sich lange bemüht hatten,
z.B. endlich die ersehnte Eins in Mathe, endlich
ein Tor geschossen zu haben oder zum/r Klas-
sensprecher/in gewählt worden zu sein. Dieses

Hochgefühl hat Sie sicher für die Zukunft motiviert und bei Ihren inneren Kindern zu glücklichen Momenten der Anerkennung geführt. Also, was soll schlecht daran sein? Wir denken: nichts! Im Gegenteil, wir möchten für die Kraft des „Selbstlobes" sprechen und uns denjenigen anschließen, die das bereits seit Längerem propagieren. Beispiel dafür sind sogenannte „Glückstagebücher", die in den Buchhandlungen zum Kauf angeboten werden. Diese besonders dekorativ gestalteten Büchlein erinnern an die alt bekannten Tagebücher vergangener Zeiten, jedoch mit dem Unterschied, dass ausschließlich persönliche Erfolgsgeschichten darin festgehalten werden. Der Grund, so die Werbung: Es solle das Selbstbewusstsein stärken.

Ausnahmsweise ist diese Marketingidee gut und richtig, allerdings würden wir diesem psychologischen Werkzeug einen anderen Namen geben. „Erfolgstagebuch" würde unserer Meinung nach besser passen. Denn wer tatsächlich jeden Tag seine kleinen und größeren Erfolge aufschreibt, der hat einen guten Abwehrmechanismus gegen das Gefühl der Minderwertigkeit oder gar des „Versagens" gefunden. Solche Gefühlszustände schleichen sich immer wieder in unseren Alltag ein – wir sprachen darüber – doch wer in solchen Momenten derartige innere Stimmen stoppen kann, die ja aus dem „Kinderzimmer" unseres Gehirns kommen, und stattdessen zum Beweis des Gegenteils seinen unglücklichen oder traurigen inneren Kindern die „Heldentaten" der letzten Wochen und Monate vorliest, dessen Stimmung verbessert sich wahrscheinlich sehr rasch.

Welcher neurologische Mechanismus wird hier angewandt? Richtig, die Hemmung, von der im letzten Kapitel schon die Rede war. Das Formulieren unserer Erfolge setzt dem hormonell ausgelösten bedrückenden „Feuer" der Amygdala das anregende „Feuer" des Nucleus accumbens entgegen. Anders gesagt: Belohnungshormone gegen Stresshormone, das wirkt! Positive Gefühle sind die beste Waffe gegen negative. Sie durch eigenes Verhalten in Gang zu bringen nennt man Selbstwirksamkeit, die uns aus dem emotionalen „Käfig" des Ausgeliefertseins oder der Hilflosigkeit befreit.

Wir spüren, dass wir auf uns selbst einwirken können, um unser Befinden zu steuern. Das Wort Selbstregulation geht in die gleiche Richtung.

Ob es sich bei diesem Vorgang nun gleich um Glück handelt, sei Ihnen überlassen, aber das Wissen, dem unangenehmen Gefühl der Minderwertigkeit oder des Unvermögens etwas entgegensetzten zu können, stärkt auf alle Fälle das Vertrauen in die eigenen Kräfte. Das Selbstvertrauen wird gefestigt.

Übrigens, wem das tägliche Schreiben zu aufwendig erscheint, der sollte zumindest einmal im Jahr Bilanz ziehen. Anstatt sich mit den gescheiterten guten Vorsätzen der Vergangenheit zu quälen, wäre es besser, all die Hürden zu benennen, die Sie im letzten Jahr erfolgreich genommen haben.

Für diese Übungen benötigt man nicht unbedingt ein „Glückstagebuch", ein einfaches Heft oder ein Terminkalender, der helfen soll, positive Erlebnisse nicht zu vergessen, könnte ausreichen, damit Sie Ihre erfolgreichen Taten nicht vergessen. Denn das wäre schade. Wir benötigen die Erinnerung an sie.

Die Überwindung oder den Mut, die es braucht, um sich selbst zu loben, kennen wir aus eigener Erfahrung, denn ein tief sitzendes Gefühl der Scham, gespeist aus den „Sinnsprüchen" der Vergangenheit, hindert uns, freimütig über unsere „Siege" zu sprechen. Springen Sie über Ihren Schatten, es lohnt sich – außerdem sieht Ihnen ja niemand dabei zu. Ach ja, die Menschen in unserer Gesellschaft, die sich sowieso schon für die „Größten" halten, benötigen derartige Übungen natürlich nicht, sie haben andere Probleme.

Nummer zwei: Jeder ist seines Glückes Schmied. Im Gegensatz zu Nummer eins hat dieses Sprichwort eine weitaus stärkere Verbreitung in unserer Gesellschaft der fast „unbegrenzten Möglichkeiten". Die Ansicht, dass jeder alles „schaffen" kann, was immer dies auch sein mag, ist zum Mantra unserer Leistungsgesellschaft geworden. Es suggeriert, dass ein weniger erfolgreiches Leben oder gar Armut grundsätzlich selbst verschuldet sind. Was für ein verletzender Unsinn. Wer dies glaubt, der hat nicht viel vom Leben und den vielen Zufällen, die es prägen, verstanden. Dieser Spruch ist schlicht und einfach falsch. Und nicht nur das – er fügt den Menschen großes Unrecht zu, denen das Leben ohne ihr Zutun mehr Hindernisse als Chancen geboten hat.

Anfang des 19. Jahrhunderts wurde ein Menschenbild propagiert, das davon ausging, alle Menschen seien von Geburt an genetisch gleich ausgestattet und man könne durch spezielle Methoden und Übungen aus jedem Menschen alles gestalten, was man wolle, beziehungsweise was gesellschaftlich sinnvoll oder wünschenswert sei. Diese Idee heißt Behaviorismus und wurde glücklicherweise durch die Neurobiologie und deren Erkenntnisse widerlegt. Wir kommen, wie schon erklärt, eben nicht als unbeschriebenes Blatt auf die Welt, sondern es sind zahlreiche

Zufälle genetischer und gesellschaftlicher Art nötig, um ein Kind und später einen Erwachsenen mit genügend Kompetenzen auszustatten, um das Leben erfolgreich zu meistern. Zudem ist nicht klar, was unsere Gesellschaft unter „Erfolg" oder „Glück" versteht. Deshalb bevorzugen wir den Begriff des „geglückten Lebens", der auf eine Formulierung des Philosophen Epikur zurückgeht und unserer Meinung nach jedem Menschen die Möglichkeit gibt, sich mit den eigenen Erfolgen unter sehr individuellen Voraussetzungen wohlfühlen zu können. Denn das, was für den einen kaum der Rede wert ist, kann für den anderen eine große Leistung sein. So sind wir wieder bei der Idee des Sich-Vergleichens, von der wir erneut abraten, da die jeweiligen Ausgangspositionen viel zu unterschiedlich und daher nicht vergleichbar sind.

Die Bemühung, sich in seinem Leben verändern zu wollen, um sich ganz persönlich wohler in seiner Haut zu fühlen, ist zu begrüßen, möglichst ohne Vergleiche, aber durchaus mit Vorbildern oder Zielen, die einem erstrebenswert erscheinen. Schließlich ist das der Inhalt dieses Buches. Wir bitten Sie jedoch auch in diesem Zusammenhang, mit kleinen Schritten zu beginnen und sich für die von Ihnen erwünschten „großen Ziele" Unterstützung zu holen, denn es könnte möglich sein, dass Ihre Vorhaben mit

Ihrer Persönlichkeit oder Lebensgeschichte gar nicht zusammenpassen oder einzelne Ziele allein nicht zu bewältigen sind. Dies zu beurteilen fällt einem professionellen Außenstehenden natürlich leichter, und Sie hätten einen Berater an der Seite, der mit Ihnen gemeinsam einen Plan erarbeitet, wie es Ihnen gelingen könnte, sich mit sich selbst und Ihrem Leben besser anzufreunden und zufriedener zu werden. Denn Zufriedenheit ist ein wunderbares Gefühl, vielleicht dem Glück vorzuziehen, da es dauerhafterer Natur ist als das Glück, das doch eher sprunghafte Eigenschaften besitzt.

Kinder an die Macht?

Oh, bitte nicht! Einspruch, Herr Grönemeyer. Die Welt wäre noch chaotischer, sprich unkalkulierbarer, als sie ohnehin schon ist. Aber wenn wir uns eine Welt ohne Kinder und ohne unsere kindlichen Anteile vorstellen würden, dann wäre sie sehr, sehr arm.

In den letzten Kapiteln haben wir überwiegend das Bild gezeichnet, wie wichtig es ist, sich als Erwachsener möglichst erwachsen in unserem Alltag zu verhalten, um unsere Lebensplanung erfolgreich zu gestalten. Dabei könnte sich der Gedanke eingeschlichen haben, dass wir dem PFC positiver gegenüberstehen als dem gefühligen LS. Oh nein! Um es klar und unmissverständlich zu sagen, möchten wir uns diesem Loblied auf das Kindliche in der Welt anschließen. Allerdings ohne Machtübernahme.

Sollte es Ihnen gelingen, Ihre eigene imaginäre Familie zu gründen, so werden Sie spüren, dass die Ideen und Argumentationen unserer Kleinen oft bereichernd sind. Sie sehen die Welt eben mit den sprichwörtlichen Kinderaugen, und es gibt durchaus Situationen, in denen sie recht haben, wenn sie z. B. gegen Ungerechtigkeiten protestieren oder der Meinung sind, dass Sie sich zu wenig Ruhe oder Spaß gönnen. Das sind Momente, in denen der Erwachsene nachgeben und diesbezüglich etwas ändern sollte, zum Wohle der Familie. Denn idealerweise dient dieses Familienbild dazu, eine Ausgewogenheit zwischen Sinn und Unsinn, Planung und Spontanität, Zurückhaltung und Übermut zu gestalten.

Wilhelm Schmid nannte es einmal „mit sich selbst befreundet sein". Was für eine schöne Idee, sich selbst der beste Kumpel zu sein, den man richtig gern hat, mit dem man Spaß haben und Dinge voranbringen kann. Das wäre ohne unsere inneren Kinder nicht möglich.

Das WIR gewinnt.
Über die Freude,
gemeinsam stark zu sein.

Zahlreiche Forscher haben sich intensiv mit der Entstehungsgeschichte des „modernen Menschen", des *homo sapiens sapiens*, beschäftigt. Sie fanden heraus, dass es Jahrhunderte gedauert hat, bis sich der frühe Mensch vom ICH zum DU entwickelte. Und erst sehr viel später hat er den Sprung zum WIR vollbracht, der notwendig wurde, weil sich seine Lebensumstände änderten. Er wurde sesshaft und lebte fortan in Gruppen, die größer waren als der eigene Familienverbund. Wir waren zwar nicht dabei, aber es ist davon auszugehen, dass sich der Weg vom Einzelkämpfer zum Mitglied einer Horde sowohl für den Einzelnen als auch für den Verbund gelohnt hat. Das WIR schweißte zusammen, wenn auch mit dem Nachteil, dass eine Abgrenzung zu anderen WIRs damit einherging und zu unschönen Auseinandersetzungen führte. Wir kennen das leider bis heute. Doch trotz dieser und anderer gewaltiger Schwierigkeiten haben sich im Verlauf der Entwicklung Eigenschaften entwickelt, die für unser Leben unverzichtbar sind: Kooperation, Loyalität, Empathie und Selbstregulation.

Wir meinen, dass es ein guter Abschluss unseres Buches ist, den Blick zu erweitern. Denn so wichtig es ist, als starkes ICH selbstbewusst handeln zu können, so dürfen wir nicht vergessen, dass unser Gehirn als soziales Organ abhängig von anderen Gehirnen, also Mitmenschen, ist. Lassen Sie uns die oben genannten Errungenschaften genauer betrachten.

Stellen Sie sich folgende Situation vor: Sie haben sich ein wunderschönes Kleidungsstück gekauft, ein neues Auto oder sich nach längeren Überlegungen für ein extravagantes Brillengestell entschieden, und niemand bemerkt es. Oder stellen Sie sich einen roten Teppich vor, auf dem mehr oder weniger berühmte Menschen, die sich so richtig in „Schale" geworfen haben, auf und ab stolzieren, und niemand ist vor Ort, kein Fan, kein Fotograf, einfach niemand. Was passiert mit Ihnen oder mit den Stars? Richtig, Sie würden sich übersehen, oder ignoriert fühlen, Ihre Enttäuschung wäre sicher groß, und ein roter Teppich ohne applaudierendes Publikum hätte seinen Sinn verloren.

Diese Beispiele zeigen, wie sehr unser ICH bzw. unser Selbstbewusstsein eine „Spiegelung" im DU benötigt. Eltern kennen das von ihren Kindern mit ihrem Aufruf: „Guck maaaal!" Dieser wird so oft wiederholt, bis ihnen Papa oder Mama die Aufmerksam schenkt, die sie sich wünschen, um vorzuzeigen, worauf sie stolz sind. Kurz gesagt, ohne DU kein ICH.

Um Spiegelung geht es auch im Zusammenhang mit dem Begriff der Empathie, also der Fähigkeit, uns in die Stimmungen und Gefühle des anderen hineinversetzen zu können. Egal, ob es um eine direkte persönliche Begegnung geht oder es aus der Ferne durch bildliche Vorstellung geschieht. Verantwortlich dafür ist ein Areal in unserem Gehirn, das seine Funktion schon im Namen trägt, die Spiegelneuronen. Sie sorgen dafür, dass wir in der Lage sind, Verständnis und Mitgefühl für unsere Mitmenschen aufzubringen, um mit ihnen kooperieren zu können. Empathie ist also neurologisch angelegt. Sie macht es möglich, im Zusammenschluss mehrerer Menschen gemeinsam ein Ziel zu erreichen und Pläne zu verwirklichen, und ist daher notwendig für unser Überleben.

Der Begriff der Loyalität ist daraus erwachsen. Denn wir wollen und müssen darauf vertrauen, dass Abmachungen eingehalten werden, Hierarchien stabil bleiben und sich alle Beteiligten solidarisch gegenüber den vereinbarten Inhalten und Personen verhalten. Da lohnt wieder einmal der Blick auf die Spielplätze der Kinder. Schon mit knapp zwei Jahren bilden die Kleinen Gruppen, um ein bestimmtes Spiel zu spielen. Die Rollen werden ganz selbstverständlich festgelegt und wer sich nicht an die Rolleninhalte hält, der bekommt Ärger. Ein Standardsatz in solchen Fällen ist: „Nein, so darfst du das nicht machen! Das geht anders!" oder „Das ist falsch! So macht man das nicht!" Da wird solange keine Ruhe gegeben, bis die Regeln wieder stimmen und die Welt der Kleinen in Ordnung ist.

Anders sieht es bei unserem Thema der Selbstregulation aus, ohne die ein einigermaßen reibungsloser Ablauf in einer Gruppe nicht möglich ist. Diese Eigenschaft ist biologisch leider nicht angelegt und muss daher hart erarbeitet werden. Über das Thema der Frustrationstoleranz sprachen wir bereits. Sie ist als Grundlage für die Regulierung unserer spontanen Lust-/Unlust-Äußerungen notwendig. Es bleibt eine lebenslange Aufgabe, die allerdings durch häufiges Üben immer besser gelingen wird. Es geht darum, den schwierigen Balanceakt hinzubekommen zwischen einerseits Anpassung – sprich wir schlucken unseren Ärger runter, um nicht anzuecken – und andererseits durchaus heftigem Widerspruch, der den anderen zeigt, dass man nicht alles mit uns machen kann.

Diese Ausgewogenheit zwischen Nachgeben und Beharren ist nicht immer leicht zu finden und hängt sowohl von unserer Stimmungslage als auch von der Situation ab, in der wir uns befinden. Unser Rat in kritischen Momenten ist, versuchen Sie, Zeit zu gewinnen, und wenn es nur wenige Minuten sind, in denen Sie eventuell den Raum verlassen oder um Bedenkzeit bitten. Wie Sie jetzt schon ahnen, muss der PFC erst einmal „Luft holen", um der Gefühlsaufwallung etwas entgegensetzten zu können. Ein kurzer Dialog mit den aufgebrachten Kleinen wirkt da Wunder.

Sollten Sie sich jedoch in der Aufregung so verhalten haben, dass es Ihnen hinterher leid tut oder Sie sich ärgern, so ist „nachtarocken" immer möglich. Eine Mail oder ein Anruf sind absolut legitim, um einen Sachverhalt zu klären oder eine gegebene Zusage zurückzuziehen, selbst wenn Ihnen das unangenehm ist. Auch hier gilt: Über seinen Schatten zu springen ist besser, als sich tagelang über sich selbst zu ärgern.

Kurz zusammengefasst ist es einerseits unmöglich, als Einzelner durchs Leben zu gehen, anderseits ist es auch nicht einfach, im Team am selben Strang zu ziehen. Doch unter dem Strich geben uns Gemeinschaften, ob klein oder groß, Anerkennung, Geborgenheit und nicht zuletzt Freude am gemeinschaftlichen Tun. Was wäre ein errungener Sieg ohne Feier mit Kollegen und Freunden, die die Daumen gedrückt haben? Die Bilder von ausgelassen tanzenden, sich umarmenden Menschen sind doch immer wieder schön anzusehen, oder?

Nachwort

In den bisherigen Kapiteln konnten wir Ihnen hoffentlich zeigen, dass es möglich ist, erfolgreich die Dinge zu verwirklichen, die Sie sich vorgenommen haben. Nicht auf Knopfdruck, aber mit Geduld, der Kraft der Gedanken und dem Wissen um die Zusammenhänge in unserem Gehirn. Wir würden uns sehr freuen, wenn Sie zu der Meinung gelangt sind, dass wir unser Versprechen einlösen konnten. Zum Abschluss möchten wir jedoch den Blick noch einmal weiter fassen, weg von der persönlichen Ebene, hin zur gesellschaftlichen, die uns ebenfalls sehr wichtig ist.

Es ist kein Geheimnis, dass wir als Gesellschaften vor gigantischen Aufgaben stehen, denn es geht um nichts Geringeres als unsere Lebensgrundlage. Ob Ökologen, Klimawissenschaftler, Soziologen, Psychologen, Fridays for Future oder andere Aktivsten, sie schlagen schon seit Jahren Alarm und appellieren an unsere Vernunft, um zu retten, was noch zu retten ist. Aber bisher treffen diese Appelle nicht nur auf wenig Gehör, im Gegenteil, die Zerstörung unserer Umwelt schreitet weiter voran und die politische Stimmungslage ist angespannt bis aggressiv.

Diese Situation war ebenfalls ein Grund, unser Buch zu schreiben, denn wir haben damit auch versucht, die Frage zu beantworten, warum sich ein Großteil der Menschen wider besseres Wissen für ein Verhalten entscheidet, das ihnen letztlich selbst schadet. Anders ausgedrückt: Warum sägen wir permanent an dem Ast, auf dem wir sitzen? Wir denken, die Antwort wurde klar. Es liegt unserer Meinung nach an dem Fakt, dass wir emotional gesteuert sind und unsere Fähigkeit zu vernünftigen, sachlich kühlen Bewertungen, die in den rationalen Arealen unseres Gehirns durchaus vorhanden sind, so wenig Macht gegenüber den Gefühlen hat. Sie unterwandern die dringend notwendigen Entscheidungen.

In den zurückliegenden Kapiteln haben wir uns um die individuelle Stärkung des ICHs gekümmert. Darum, wie es doch gelingen kann, vernünftige Ideen zu verwirklichen, nicht gegen unsere emotionalen inneren Stimmen, sondern mit ihnen gemeinsam. Wenn Sie sich jetzt fragen, was das mit dem aktuell notwendigen gesellschaftlichen Spurwechsel zu tun haben könnte, wird der Zusammenhang deutlich, wenn wir uns vor Augen halten, dass eine Gesellschaft aus Millionen von Individuen besteht. Damit summieren sich die Schwierigkeiten eines jeden Einzelnen zu einem Problem für alle.

Blicken wir kurz in die Vergangenheit unserer europäischen Geistesgeschichte. Es ist interessant zu sehen, welcher Stellenwert jeweils der Vernunft oder gegensätzlich den Emotionen eingeräumt wurde. Im Zeitalter der Aufklärung stand das rationale Denken im Vordergrund und fand mit Immanuel Kants Aufruf *„sapere aude"*, (habe den Mut, dich deines eigenen Verstandes zu bedienen oder kurz, wage es, weise zu sein!) seinen Wahlspruch.

Die Ende des 18. Jahrhunderts aufkommende Romantik wehrte sich gegen die „Verherrlichung" der Ratio und drehte den Spieß um. In dieser Zeitspanne, die bis weit in das 19. Jahrhunderts reichte, wurden die Gefühle auf den Thron gehoben. Diese Idee ist noch heute an so mancher Redensart abzulesen. Da heißt es etwa, den Zielen der Romantik entsprechend: „Es gibt eine wertvollere Vernunft als die deines Verstandes, nämlich die des Herzens." Und bei wichtigen Entscheidungen wird geraten, „auf seinen Bauch zu hören".

Erst im 21. Jahrhundert gelang es den Neurowissenschaften, den vermeintlichen Gegensatz von Emotion und Vernunft aufzuheben. Heute kennen wir das menschliche Gehirn zumindest so gut, dass uns die Abläufe und Interaktionen der verschiedenen Areale weitgehend bekannt sind. In zahlreichen Studien ist nachgewiesen, dass vernünftiges Denken ohne den Einfluss der Emotionen nicht möglich ist. Bewiesen ist ebenfalls die geringe Rolle, die unsere kognitiv-intellektuellen Fähigkeiten in Bezug auf unsere Handlungen spielen. Wir können klare und vernünftige Einsichten in bestimmte Problemstellungen haben und uns dennoch unter dem Einfluss des limbischen Systems konträr dazu verhalten. Das ist des Pudels Kern!

Diese Tatsache ist nicht zu leugnen, denn wäre sie nicht wahr, dann würde es auf unserer Welt anders aussehen. Nur so ist es zu erklären, dass jährlich Tonnen von Lebensmitteln, Kleidung, Plastik und Elektrogeräten auf dem Müll landen und ein Hyperkonsum herrscht, der einhergeht mit einer zunehmenden Zerstörung von Naturressourcen.

Dieses zerstörerische Verhalten ist das Ergebnis unserer kindlichen Anteile, die, wie wir schon beschrieben haben, extrem anfällig sind für alles was Spaß, Ansehen und Glück verspricht. Diese Anteile sind strukturell einfach nicht in der Lage, mittel- oder langfristig zu denken.

Bequemlichkeit, Sofortbefriedigung, der Wunsch nach Belohnung und Anerkennung stehen im Vordergrund und so muss man feststellen, dass eine sich aus Millionen von Individuen zusammensetzende Gemeinschaft von erwachsenen Kindern sich so verhält, als hätten ihre

Handlungen keine Konsequenzen. Wie es Kinder eben tun.

Andererseits werden zahlreiche Gruppen von zum Teil irrationalen Ängsten geplagt. Sie sehen Gefahren, wo es keine gibt, sind anfällig für Verschwörungstheorien und geraten häufig den Populisten unter den Politikern ins Netz. Die Verfälschung komplexer Zusammenhänge ist deren Geschäft, sie versprechen durch die Präsentation scheinbar einfacher Lösungen den „kindlichen, ängstlichen" Gemütern Schutz. Sie gaukeln Fürsorge und Verständnis vor und stacheln aggressives Verhalten unter dem Deckmantel der Gerechtigkeit an. Dass es ihnen ausschließlich um Macht geht, entgeht ihren hoch emotionalisierten Anhängern, deren kritischer Verstand sich längst unter dem demagogischen Dauerfeuer verabschiedet hat. So entsteht für unsere demokratischen Gesellschaften eine weitere, ernsthafte Gefahr. und die Möglichkeit, sich mit den realen Problemen unserer globalen Welt auseinanderzusetzten, wird beträchtlich erschwert.

Diese Phänomene anhand individueller, alltäglicher Begebenheiten zu beschreiben ist das Hauptanliegen unseres Buches. Wir sind der Meinung, dass nicht nur die Tatsache, dass wir limbisch gesteuert sind, einem größeren Publikum bekannt gemacht werden sollte, sondern dass ihm auch Wege aufgezeigt werden müssen, diese

Dominanz zu hemmen, um unserem Verstand, unserer Vernunft wieder mehr Einfluss auf unser Handeln zu geben. Dabei ist es von geringerer Bedeutung, ob die Innere-Kind-Arbeit oder ein anderes Verfahren zum Einsatz kommt. Ziel muss es sein, den PFC zu stärken, ihm die Möglichkeit zu geben, den oft drängenden Bedürfnissen oder Befürchtungen des limbischen Systems etwas sachlich Fundiertes, Durchdachtes entgegenzusetzen, ohne die kindlichen Gefühle, Ideen, Wünsche oder Ängste zu ignorieren, und das bei möglichst vielen Menschen.

Wir sind keine Neurowissenschaftler, haben uns aber als engagierte Laien ausführlich mit den Ergebnissen dieses Forschungsgebietes auseinandergesetzt. Wir würden uns freuen, wenn dieses Buch Sie ebenfalls neugierig gemacht hat. Es gibt zahlreiche verständlich geschriebene Publikationen zu diesem Thema von Profis, die wir Ihnen als weiterführende Lektüre wärmstens empfehlen möchten. Eine kleine Auswahl finden Sie im Anhang.

Jetzt wünschen wir Ihnen viel Erfolg bei all Ihren guten Vorsätzen. Mögen Sie von der Vernunft getragen und von positiven Gefühlen erfüllt sein.

Post Scriptum

Während wir unser Buch fertigstellen, geschieht etwas völlig Unerwartetes: Ein Coronavirus löst eine Pandemie aus. Dieses einschneidende Ereignis konnten wir nicht unbeachtet lassen, zumal das Thema Selbstregulation dadurch aktueller und dringlicher wurde als erwartet.

Weltweit wird an die Vernunft der Menschen appelliert. Wissenschaftler, Ärzte und Regierungen versuchen durch drastische Einschnitte in unseren Alltag, die Verbreitung von Covid-19 einzudämmen. Ein Erfolg hängt maßgeblich davon ab, ob wir, jeder Einzelne von uns, in der Lage ist, sich möglichst rational zu verhalten.

Das ist, wie wir beschrieben haben, nicht einfach, zumal die Situation, in der wir uns befinden, für alle neu ist. Wir müssen weit in der Geschichte zurückgehen, um vergleichbare Ereignisse wie z. B. die Pest oder die spanische Grippe als Richtschnur unseres Handelns heranziehen zu können. Das hilft aber nur bedingt, denn unsere Welt hat sich in den letzten Jahrzehnten so rasant verändert, dass der Rückgriff auf die vergangenen Epidemien nur Denkansätze liefern kann.

Unsicherheit regiert trotz hervorragender medizinischer Diagnostik und Forschung. Dieser

Umstand ist aus neurobiologischer und psychologischer Sicht etwas, das unsere Gehirne gar nicht mögen. Nicht mehr voraussagen zu können, wie es konkret weitergeht und wann ein Ende dieses bedrohlichen Zustandes abzusehen ist, triggert unsere limbischen Areale heftig, lässt uns entweder ängstlich oder trotzig, ignorant oder emphatisch reagieren. Unser Verstand, unsere Vernunft, unsere Fähigkeit, kühl, sachlich und klug auf die Situation zu schauen, bedarf unserer ganzen Energie, um die aufbrausenden Gefühle in uns zu besänftigen und zuversichtlich zu bleiben.

Was kann in dieser Ausnahmesituation helfen? Den einen erfolgversprechenden Rat haben wir natürlich auch nicht zur Hand. Aber ein Griff in den Werkzeugkasten, den wir Ihnen vorgestellt haben, könnte nützlich sein. Haben Sie Verständnis für Ihre inneren Kinder, sie benötigen jetzt Trost und gute Argumente, verweisen Sie auf Krisen, die Sie schon gemeistert haben, lenken Sie sich ab durch Dinge, die Ihnen Freude bereiten, geben Sie Ihrem Alltag eine Struktur und packen Sie Dinge an, die Sie schon lange machen wollten. Es ist die Gelegenheit, den Kleiderschrank auszumisten, den Keller aufzuräumen oder die Steuererklärung rechtzeitig abzugeben. In diesen ohnmächtigen Zeiten kann dies wenigstens das Gefühl der Selbstwirksamkeit stärken. Solche oder ähnliche „Heldentaten" tun auch jetzt gut, und die verdiente Belohnung danach lässt sich stolz genießen.

Hilfreich ist es ebenfalls, den präfrontalen Cortex mit innovativen Gedanken zu stärken. Machen wir uns bewusst, dass Wissenschaftsfeindlichkeit, populistische Vereinfachungen, Hau-Ruck-Angebote sowie der Rückgriff auf althergebrachte Lösungsansätze keinen Weg aus hochkomplexen multinationalen Problemen bieten. Was wir aus der Pandemie lernen können, ist, dass eine Krise sehr wohl neue Denkansätze freisetzen kann, die wir bis jetzt für unmöglich erachtet haben und die nun z. B. auf die Probleme des globalen Klimawandels übertragen werden sollten. Jetzt besteht die Möglichkeit, sich bewusst zu machen, dass das Wohl der Menschen über den ständig wachsendenden wirtschaftlichen Erfolg gestellt werden muss, dass nur wissenschaftliche Analysen Ansätze für die Zukunft bieten, aber auch, dass wir als Individuen in einer Gesellschaft sehr viel bewirken können. Dies sollte zuversichtlich stimmen.

Wir wünschen Ihnen: Bleiben Sie gesund und hoffnungsvoll. Wir erleben neben all der Belastung eine Zeitenwende, die durchaus die Möglichkeit in sich trägt, aus dieser Krise zu lernen, um die Fehlentwicklungen der letzten Jahrzehnte rückgängig zu machen. Die Chance dazu war nie so groß, verschenken wir sie nicht.

Literaturempfehlungen

Gerhard Roth
Persönlichkeit, Entscheidung und Verhalten
Warum es so schwierig ist, sich und andere zu ändern
Klett-Cotta

Antonio R. Damasio
Ich fühle, also bin ich
Die Entschlüsselung des Bewusstseins
List

Sandra Aamodt und Samuel Wang
Welcome to your Brain
Ein respektloser Führer durch die Welt unseres Gehirns
C. H. Beck

Gerald Hüther
Biologie der Angst
Wie aus Stress Gefühle werden
Vandenhoeck & Ruprecht

Bernd Sommer und Harald Welzer
Transformationsdesign
Wege in eine zukunftsfähige Moderne
Oekom

Wilhelm Schmid
Mit sich selbst befreundet sein
Von der Lebenskunst im Umgang mit sich selbst
Suhrkamp

Christian Peter Dogs und Nina Poelchau
Gefühle sind keine Krankheit
Warum wir sie brauchen und wie sie uns zufrieden machen
Ullstein

Harald Welzer
Selbst Denken
Eine Anleitung zum Widerstand
Fischer

Felix Gruen
Ich ohne Angst
Mit Innerer-Kind-Arbeit – raus aus der Angst
Tredition

Zeitfracht Medien GmbH
Ferdinand-Jühlke-Straße 7
99095 Erfurt, Deutschland
produktsicherheit@kolibri360.de